跨境电商运营管理与人才培养研究

许尤佳◎著

吉林出版集团股份有限公司
全国百佳图书出版单位

图书在版编目（CIP）数据

跨境电商运营管理与人才培养研究 / 许尤佳著 . --
长春 : 吉林出版集团股份有限公司 , 2024.4
ISBN 978-7-5731-5110-0

Ⅰ . ①跨… Ⅱ . ①许… Ⅲ . ①电子商务 – 运营管理 –
人才培养 – 研究 Ⅳ . ① F713.365.1

中国国家版本馆 CIP 数据核字 (2024) 第 111061 号

跨境电商运营管理与人才培养研究

KUAJING DIANSHANG YUNYING GUANLI YU RENCAI PEIYANG YANJIU

著　　者	许尤佳	
责任编辑	李柏萱	
封面设计	守正文化	
开　　本	710mm×1000mm	1/16
字　　数	221 千	
印　　张	10.75	
版　　次	2024 年 8 月第 1 版	
印　　次	2024 年 8 月第 1 次印刷	
印　　刷	天津和萱印刷有限公司	

出　　版	吉林出版集团股份有限公司
发　　行	吉林出版集团股份有限公司
地　　址	吉林省长春市福祉大路 5788 号
邮　　编	130000
电　　话	0431-81629968
邮　　箱	11915286@qq.com
书　　号	ISBN 978-7-5731-5110-0
定　　价	69.00 元

前　言

　　跨境电子商务在电子商务交易中起着网络中枢作用，在交易活动日益复杂化的趋势下，跨境电子商务分类也随之呈现出多样化的特点。我们在重视跨境电子商务发展的同时，要结合跨境电子商务运营模式的特点出台相应的法律法规，并强化对跨境电子商务平台的有效监管，使跨境电子商务积极创新运营管理策略，不断提高市场竞争力，稳步扩大发展规模，增强自身可持续发展能力。

　　近年来，跨境电商行业的发展形势向好。在"大众创业、万众创新"的时代背景下，社会对创新创业型人才的需求量越来越大，对大学生进行创新创业教育能够为大学生创造就业机会，使他们更好地适应电商岗位需求。面对当前经济发展的新形势，应将创新创业型的教育纳入人才培养方案，这是培养学生创新能力和实践能力的必要方式和途径。目前，培养创新创业型人才已成为跨境电商人才培养的新方向。因此，对跨境电商创新创业型人才培养模式进行的相关研究具有重要价值。

　　本书共分为五章。第一章是跨境电商概述，分为四节：跨境电商的概念、特征及分类，我国跨境电商的发展现状及发展对策，跨境电商的法律法规，跨境电商的运营管理策略；第二章为跨境电商的运营管理，分为跨境电商的供应链管理、跨境电商的物流管理、跨境电商的客户服务管理三节；第三章为大数据背景下跨境电商运营管理的创新，主要有跨境电商金融创新对策、网络技术在跨境电商物流中的创新应用、区块链技术在跨境电商中的应用、跨境电商平台与企业模式的创新四部分；第四章为跨境电商人才培养的现状，包括跨境电商人员必备的职业道德与修养、跨境电商的人才需求与人才队伍保障机制；第五章论述的是跨境电商创新创业型人才培养模式的构建，包括跨境电商创新创业型人才培养模式的构建原则与要求、产教融合下跨境电商创新创业型人才培养模式的构建策略以及跨境电商创新创业型人才培养模式的实践案例三个方面。

在撰写本书的过程中，作者得到了许多专家学者的帮助和指导，参考了大量的学术文献，在此表示真诚的感谢。但由于作者水平有限，书中难免会有疏漏之处，希望广大同行指正。

目　录

第一章　跨境电商概述

本章主要介绍跨境电商的基础知识，分为四节：跨境电商的概念、特征及分类，我国跨境电商的发展现状及发展对策，跨境电商的法律法规，跨境电商的运营管理策略。

第一节　跨境电商的概念、特征及分类

一、跨境电商的概念

"跨境电商"是"跨境电子商务"的简称，所以对于"电子商务"的认识是理解"跨境电商"的关键。目前对于"电子商务"并无统一的定义。世界贸易组织语境下的电子商务是指通过电子通信网络进行产品的生产、销售和分配；而欧盟理事会则将电子商务定义为通过电子手段进行的商务活动，包括对货物和服务的电子贸易、数字内容的网上交易、电子资金转移、电子股票交易、电子提单、商业拍卖、设计开发、广告和售后服务等各种商业行为。由此可见，不同定义之下的"电子商务"是有着较大差异的。在我国，电子商务与上述国际上的定义也有较大的差别。根据《中华人民共和国电子商务法》（下称《电子商务法》）第二条的规定，电子商务是指通过互联网等信息网络销售商品或者提供服务的经营活动。换言之，我国的"电子商务"限于通过信息网络平台的商业交易。

在这种背景下，"跨境电商"的定义存在多种解读。在我国，主要的观点是把跨境电子商务理解为"利用互联网等信息技术进行商品或服务的出口和进口"。这个理解并没有争议，它们可以被总结为由各个不同国家的交易参与者，通过互联网等电子通信工具进行交易（交易询价、谈判磋商、签订合同、执行合同等），并通过跨境物流或异地仓库来运送商品，最终完成交易的全球性商业行为。换句话说，对于跨境电商的理解存在着广义与狭义的区别。

广义上讲，跨境电商是指在所有的跨境交易环节中都采用了电子商务技术的商业模式。在我国，根据前文提到的"电子商务"的主流观念，只要是涉及国内电子商务平台的跨境元素的电子商务行为，都可以被视作是跨境电子商务，其中包括海外的法人或非法人机构通过平台向中国市场出售产品或服务，比如，许多海外公司在天猫、京东等平台进行商业活动；包括在平台上销售商品或服务的法人或非法人组织，如速卖通和阿里巴巴国际站上的众多卖家向海外买家销售并出口商品；也包括平台内的作为卖家和买家的国内企业，但商品交付涉及进出口等情况；甚至还包括交易发生在国内，但商品交付或服务提供在国外等情况。

狭义上讲，跨境电商是一种新兴的国际贸易模式，其中包括由各个不同的关境地区的交易参与者通过互联网电子商务平台进行交易、进行跨境支付和结算，并使用跨境物流将商品送达目的地。值得一提的是，2018年至2019年，在商界引发热烈讨论的"跨境电商新政"，其实只是指那些可以在与海关连接的电子商务交易平台上进行交易，并且能够进行物流、支付和交易电子信息的"三单"比对的跨境电商零售进口领域。

跨境电商包含实体交易、信息交易、资金交易和单据交易。随着跨境电商的持续发展，主要的跨境电商公司开始吸引并培育一些相关的公司，例如软件开发商、代理运营商、在线支付商、物流商等。它们的服务范围包括网店装潢、图片翻译、网站运营、市场推广、物流、退换货、金融服务、质量检测、保险等，使得整个行业的生态系统日益完善，职责划分更为明确，并逐步显示出生态化的特性。现在，中国的跨境电子商务服务业已经开始形成规模，这大大促进了该领域的迅猛发展。

此外，在日常生活中，人们还常常把"跨境电商"作为"跨境电商经营者"的简称，在接触相关内容时应注意辨别。

二、跨境电商的特征

跨境电商是依托互联网发展起来的，也是互联网与贸易结合的新产物。其特征主要如下：

（一）全球性

随着互联网技术的进步，电子商务使得贸易不再受到地理位置的限制。企业能够利用互联网的无边界和开放性，将本土的商品和服务推广到全球，进行全面、多层次、广泛领域的跨国贸易。同时，借助网络平台，消费者不再受国界的束缚，只需轻轻一点鼠标，就能在网上轻松购买自己想要的商品。互联网使全球各地的买卖双方紧密相连，实现交易信息的最大共享。

（二）多边性

在传统的商业模式里，两个国家的交易主要是通过双方的交易来实现的，然而，随着跨境电子商务的兴起，交易的信息、物品和资金等方面的流动方式已经从传统的双方交易逐步转变为多方参与的交易，并且用新颖的网络化结构取代了原先的线性结构。跨境电商能够借助甲国的交易平台、乙国的物流运输平台和丙国的支付平台，与其他国家直接进行交易。

（三）无纸化

在传统的商业交易中，从签订购物协议到出售交易凭证，都需要通过书面方式来完成，这些都是实体的商品交易。然而，随着电子商务的快速崛起，数字化产品和服务的发展得到了显著推动。在跨国电商的交易中，双方都选择了无纸化的交易模式。电子商务平台的运用，使得买卖双方能够通过电子邮件来发布或接收商业信息，这样不仅可以节省资源，还能显著提升信息传播和商品交易的效率。此外，跨境电商打破了以往的实体交易模式，网络数据、影音视频等数字化商品和服务也为商品交易增添了更多的种类。

（四）隐蔽性

在互联网环境中，消费者能够依照需求隐藏自己的真实身份和相关资料，全球化的网络进步使得电子商务用户拥有了空前的交易自由。

（五）时效性

对于跨境商业活动，即时性显得尤为关键，如果错过了这个时机，货币的价值可能会出现波动，这将导致交易遭受损失。现在，由于时间差引发的延迟已经通过电子商务得到了有效解决。电子商务突破了时间、地点和距离的限制，使得信息能够快速地从一个地方传播到另一个地方，几乎所有的信息都会在一个地方发出后立刻被另一个地方接收。特别是一些数码商品的交易甚至可以立即完成。再加上跨境电商省去了两国间的批发商、代理商和零售商的中间环节，使得一个国家的制造商能够通过跨境电商平台直接向另一个国家的消费者进行交易，这样不仅简化了复杂的商业流程，也提高了交易的时效性。

（六）小批量

小批量是指跨境电商相对于传统贸易而言，单笔订单大部分是小批量，甚至是单件。跨境电商的发展主要得益于它能够在单一公司或者个体之间进行交易。跨境电商拥有更丰富的商品种类、更快的更新速度，以及大量的商品信息库、个性化的广告推荐和多元的支付方式。此外，它们拥有更多的消费者数据，跨境电商企业更能设计和生产出差异化、定制化产品，更好地为顾客提供服务。

（七）高频度

高频度是指跨境电商实现了单个企业或消费者能够按需采购、销售或消费。跨境电商可以将信息流、资金流和物流集合在一个平台上完成，而且可以同时进行，交易双方的交易频率大幅提高。

三、跨境电商的分类

根据不同的标准，跨境电商可以有不同的分类。根据参与交易的对象不同，跨境电商可以分为 B2B 模式、B2C 模式、C2C 模式等；根据进出口分类，可分为出口跨境电商和进口跨境电商；根据服务类型分类，可分为信息服务平台和在线交易平台；根据交易平台的属性可以分为第三方平台跨境电商和自营型跨境电商。

（一）按参与交易的对象不同分类

1.B2B 模式

跨境电商 B2B 模式涉及一个公司对来自各个不同地区的其他公司实施网络商品的销售与服务，利用跨境电商平台实现商品的交易、支付以及运输，从而达成交易的全球商业行为，该商业行为已被列为海关的常规监管范围。B2B 模式的跨境电商并非只涵盖了在线交易，也包括在线协调和配对的环节。

敦煌网、中国制造、阿里巴巴国际站、环球资源网等都是具有代表性的 B2B 模式企业。目前，B2B 模式在中国跨境电商市场的交易规模中占据了超过 90% 的份额，而在这个市场中，企业级市场始终占据着主导地位。

2.B2C 模式

跨境电商的 B2C 模式是企业直接针对各种不同的消费者个体进行网络产品的

销售和服务，通过电子商务平台实现交易，完成支付结算，并且利用跨境物流将商品送达，以此完成交易。

代表性企业有速卖通、亚马逊、Wish、DX（Deale Xtreme）、兰亭集势、米兰网、Lazada 等。

3.C2C 模式

跨境电商 C2C 模式是由各个国家的卖家和买家共同进行产品销售和服务的国际商业行为，通常是卖家通过第三方电子商务平台发布产品信息和价格，买家进行筛选，最后在电子商务平台上完成交易并进行支付结算，并通过跨国物流将商品送达目的地完成交易。

代表性企业有 eBay、Shopee、Marketplace、PChome store 等。

（二）按进出境的方向不同分类

1.跨境出口电商

跨境出口电商是由不同的海关所管辖的交易实体，利用电子商务工具，把传统出口贸易中的产品展示、讨论、交易以及履行等步骤进行数字化。然后通过跨境运输或者异地存储来把产品送达目的地，最终完成交易的一种全球性的商业行为。

跨境电商出口的流程：商家或供应商会将商品放置在跨境电商公司的网站上，当商品被挑选、下单并完成支付后（可以是线上商谈，线下履行），这些公司会把商品寄到物流公司，然后再经历两次（来自出口国和进口国）的海关检查和商检，最后才能把商品送到顾客或公司。另外，部分跨境电商公司会直接和第三方的综合服务提供商合作，由这些提供商来处理包括物流、商检等各个步骤。这样就能够顺利地进行全球的电子商务交易。

上面列举的 B2B、B2C、C2C 三种模式的代表性企业大都以跨境出口为主。

2.跨境进口电商

跨境电商进口的流程与出口流程的方向相反，包括海淘、直购进口和保税进口等模式。代表性企业有网易考拉海购、天猫国际和京东全球购等。

海淘是跨境进口的传统模式，即中国的消费者直接在海外 B2C 电商平台上购买商品，通过转运或直邮等途径将商品送回国内的购物方式。无论是通过直邮还是转运物流完成收货，海淘都是以个人物品的形式完成跨境进口。

直购进口模式是指满足特定条件的电子商务平台与海关建立连接，国内消费者在完成跨境购物之后，会将电子订单、支付凭据、电子运输单等信息实时上报给海关。这些商品随后会被送到海关设立的跨境电子商务专用监管区域，并根据个人邮寄物品的相关规定来收取税款。

保税进口模式是指一批外国产品被整体运输至我国的海关监管区域，一旦消费者下订单，这些产品将直接从保税区运输，并在海关、国家检验等相关机构的监督下，实现迅速通关，在几天之内便可送达消费者。

与传统的海淘模式相比，直购进口模式货物符合国家海关监管政策，清关操作和消费信息也更加透明，同时，商品来源和服务都比较有保障。

利用保税港区的特别监管政策，实施了"整批入区、B2C 邮快件缴纳行邮税出区"的进口模式，这极大地减少了电子商务公司的进口成本。同时，从国内发货的形式也缩短了消费者从下单到收货的时间。

直购进口与保税进口适用于不同类型的电商企业。其中，直购进口模式对代购类、品类较宽泛的电商平台及海外电商来说较为适用，可从海外直接发货，在商品种类的多样性上具有优势。保税进口模式则在价格和时效上具有优势，适用于品类相对专注、备货量大的电商企业。

（三）按服务类型分类

1. 信息服务平台

信息服务平台的核心职能在于向国内外的用户提供一个在线推广的环境，以便将供应商、采购者，以及其他相关企业的产品和服务的详细资讯传达给用户，从而推动他们进行有效的交易。

代表性企业有阿里巴巴国际站、环球资源网、中国制造网。现在大部分的信息服务平台都有在线交易的功能。

2. 在线交易平台

在线交易平台不只是为了呈现公司、商品和服务的各种信息，还能够让用户在网络上实现从查找、咨询、比较、订单、支付、运输到评估的整个购买流程。这种网络交易平台的形态已经日益成为跨境电商领域的主导趋势。其中，敦煌网、速卖通、DX（Deale Xtreme）、Focal Price（炽昂科技）、米兰网、大龙网等是具有代表性的企业。

（四）按平台运营方分类

1. 第三方开放平台

平台型电商通过在网络上构建商店，结合物流、支付、运营等各类服务，能够吸引更多的企业加盟，从而实现跨境电子商务的交易。此外，该平台的核心盈利模式是通过获得企业的佣金和额外的服务费用。典型的企业包括速卖通、敦煌网、环球资源网和阿里巴巴国际站。

2. 自营型电商

自营型电商是通过建立在线平台，平台方整合供应商资源，以较低的价格购买商品，然后以较高的价格销售商品。这种模式主要依靠商品差价来获取利润。具有代表性的公司包括兰亭集势、米兰网、大龙网以及 Focal Price。

第二节　我国跨境电商的发展现状及发展对策

一、我国跨境电商的发展现状

（一）我国跨境电商发展的特征

1. 交易规模持续扩张

由于国家的不断扶持与强劲的供应链，我国跨境电商的市场交易规模不断增长，并且已经转变为促进中国经济高质量增长的关键因素。自 2015 年开始，国务院陆续在五个阶段批准建立 105 个跨境电商综合试验区，并且采取了一系列的优惠措施，以全方位地支援这些实验区的跨境电商业务。在最近几年，我国的跨境电子商务行业保持着稳步增长的态势。统计数据显示："2020 年我国跨境电商交易总额占进出口的比重达到 38.86%，相比 2019 年提升 5.57 个百分点。"[①] 显然，传统的对外贸易正在向线上转变。随着双循环新发展模式的快速建立，以及国家政策的持续推动和自由贸易区的发展，我国的跨境电商市场交易规模和在进出口贸易中的比重将会持续保持稳定增长，未来的发展潜力巨大，有助于推动相关行业的创新发展。

2. 出口跨境电商占据主导地位

根据统计资料，我国跨境电商的进出口市场结构表明，出口跨境电商始终占据着领先的地位，进口电商的占比虽然有限，却正持续增加。自 2010 年至 2020 年，我国跨境电商的出口比重始终超过 70%。我国积极推动跨境商品的出口，因此出口型跨境电商在市场份额中的占有率有所提高。由于全球市场的庞大需求以及出口型跨境电商公司的成长，这些都会激励更多的传统实体公司把交易重心放在网络平台，从而推动中国的出口型跨境电商的成长。在进口电子商务领域，中国的进口型跨境电商的市场规模始终相对较小，然而，伴随着人们消费水平的提高以及国家相关政策的支持，进口型跨境电商已经取得了飞跃式的增长。在未来，

---

① 勇全 .2020 年度中国跨境电商市场数据报告 [EB/OL].（2021-05-19）[2023-10-3].https：//www.100ec.cn/detail--6592730.html.

我们可以看到，跨境电子商务领域的增长方式正在从出口转变为进口，这样可以为我国的国内市场提供更多的支持，并且能够达到进出口的均衡增长。

3. 以 B2B 跨境电商模式为主

跨境电商主要包括 B2B 和 B2C 两种交易模式，其中，B2B 模式在我国的跨境电商交易模式里依旧保持着主导地位。不过，B2C 的份额正在逐年增长，B2B 与 B2C 交易模式的市场份额差异正在逐渐缩小。B2B 模式的出现，主要归功于它可以实现公司间的直接交易，从而有效地削减采购费用、缩短运营周期以及减轻库存压力，因此被众多的外贸公司所采用。伴随着许多消费者对个性化产品的需求、跨国运输体系的构建以及先进科技的运用，B2C 模式的发展势头正在逐渐增强。制造商与消费者的直接交互，提升了信息的公开性，这种以消费者为中心的直销模式变得更为简单、有效。尤其在最近几年，中国在跨境电商的出口税务以及进口环节上的监督力度有所提升，并且在 B2C 交易模式上的投资也有所增加，这导致跨境电商 B2C 的年均市场占有率在 2～3 个百分点，其增长态势比较突出。

（二）我国跨境电商各层面的发展

1. 政治层面

（1）政策的支持

电商行业的发展推动了跨境电商这种新型国际贸易模式的蓬勃发展，为中国的外贸业带来了全新的面貌。为了推动中国的跨境电商业务的进步，以及加速商业模式的转型，近几年来，政府已经连续推出了一系列有益的政策来支持跨境电商的成长。这些有益的政策的推行和执行，为跨境电商的进步提供了可靠的法律环境。中国已经抓住了跨境电商快速增长的良机。

（2）国内自贸试验区的平台优势

自 2013 年 9 月上海自贸试验区正式启动以来，至 2015 年 3 月粤津闽自贸试验区计划获得批准，中国现已建立了广东、天津、福建和上海四大自贸试验区。这四大自贸试验区的建立为中国的跨境电子商务的进步创造了前所未有的机遇。

自贸易试验区的优势体现在消费者能够享受到质优价廉的产品。随着自由贸易区的扩大，进口产品的运营成本有望逐渐减少，同时进口产品的价格也将相应降低。自贸易试验区的扩大为消费者购买产品带来了更多的选项。

此外，未来自贸试验区将允许消费者直接"海淘"，对于热衷于网购的人来说，自贸试验区的设立，意味着消费者可以在国内的电子商务平台上"海淘"全球各地的商品。更为关键的是，这些商品有望以国内的物流速度和价格送达消费者手中。同时，自贸试验区也将加速跨境电子商务服务功能的构建，并持续优化和建立与之匹配的海关、检疫、退税、支付、物流等支持系统。

（3）跨境电商试点城市的开展

现在，我国已在天津、上海、重庆、合肥、郑州、广州、成都、大连、宁波、青岛、深圳、苏州12个城市建立了一系列新的跨境电子商务综合试验区，目标是通过创新的方法来推动跨境电商的发展，未来跨境电商在对外贸易中的地位将越来越重。

由于近几年跨境电商的迅速发展，跨境电商试点城市成为申报的热点，试点城市的设立为跨境电商的发展提供了有利的发展环境。目前来看，跨境电商对于外贸企业来说是一种新型的贸易方式，有助于传统外贸企业转型升级，提高企业的核心竞争力。

2. 经济层面

（1）人民币"入篮"SDR

人民币于2015年11月30日正式纳入特别提款权（SDR），这是在美元、欧元、英镑、日元之后，第五个被纳入SDR的货币。自人民币纳入SDR以来，其在国际贸易结算系统中的重要性有了显著的提升。结算地位的提升将促进中国跨境电商的发展。加入SDR后，人民币真正意义上成为世界货币。人民币的汇率稳定，对公司的海外投资和交易产生积极影响，这也将推动海外电子商务的持续发展。过去在与海外进行贸易结算时，需要用美元作为结算货币，现在可以直接用人民币进行结算，省去了货币兑换的烦琐流程，降低了汇率波动的风险，效率得到显著提升。

（2）国际经济联系日趋紧密

现在，全球经济的一体化程度正在逐步提升，世界各国的经济正在逐渐形成一个不可割裂的整体。另外，中国的"一带一路"倡议也显示了其推动自由贸易和中国资源流动变革的理念。同时，跨境电商的快速发展已经变成中国对外贸易的新驱动力。通过跨境电商平台，我们能够缩短国际贸易的流程，显著减少外贸交易的费用，增强商品的竞争优势。借助跨境电商，中国的众多企业有机会走向全球，赢得全球市场的赞誉，推动企业在新的商业模式下迅速转型和升级，为中国企业的发展创造新的可能性。

（3）跨境电商投融资环境分析

近些年来，中国的电子商务产业始终是资本市场的主要关注焦点。从 2010 年 1 月 1 日到 2020 年 9 月 30 日，中国的电子商务产业累计获得了 567 笔的融资。观察全球电商行业，诸多的跨境电商公司，例如阿里巴巴、敦煌网、兰亭集势等，都已经收到了各种级别的投资。

研究发现，获得大额度投资的企业均是大型企业，可以预测未来跨境电商不再是草根经济。以大平台和大型企业为主，战役决战级别的竞争已经展开。

3. 社会层面

（1）用户规模交易量迅猛增长

据网经社电子商务中心与网经社跨境电商平台共同发布的《2020 年度中国跨境电商市场数据报告》，2020 年，中国进口跨境电商市场规模为 2.8 万亿元，较 2019 年的 2.47 万亿元同比增长 13.36%（含 B2B、B2C、C2C 和 O2O 等模式）。2020 年中国进口跨境电商用户规模 1.4 亿人，较 2019 年的 1.25 亿人同比增长 199%。

（2）消费需求和消费观念升级

伴随着网络科技的广泛应用和教育程度的进步，电子商务变得越来越流行，大部分的人开始接纳并理解这一概念。消费者可以利用网络来了解全球各地的产品，从而满足自身多样化的需求。随着信息科技的进步以及思维方式的转变，跨境电商的市场份额正在持续增长。现在，越来越多的人选择在线购物，并认为在线购物已经成为日常生活中的重要部分。可以说，消费理念的革新也成为促使跨境电商蓬勃发展的关键驱动力。

（3）海外商品认知提升

在改革开放的四十多年间，中国的开放程度不断加深，使得越来越多的外国品牌进入我们的日常生活。这使我们对外国商品的品牌文化有了更深入和广泛的理解，同时，对海外商品的认知度提高也将进一步扩大对海外商品的需求市场。因此，基于全球消费者市场，有效地连接供应和需求，也是跨境电商进步的根本。

4. 技术层面

（1）互联网和移动通信的迅猛发展

随着互联网的广泛应用以及手机功能的不断优化，在线购物变得更加方便，并且参与者也在逐渐增长。到 2021 年 6 月为止，我国的在线购买用户数量已经达到了 8.12 亿，相较于 2020 年 12 月的数据增长了 2965 万，占据了全体网民的 80.3%。我国电子商务的发展得益于大量的互联网用户。企业可以借助这一优势，通过网络数据收集这些网购用户的交易信息和消费习惯，从而为企业的跨境电商运营和发展提供有力的数据支持。

（2）各国日趋完善的电子商务基础设施建设

现如今 5G 网络已经逐渐普及到大众之中，大众使用移动端上网的速度大幅提高，这就为用户使用移动端应用程序平台进行跨境电商交易提供了硬件基础。移动终端的不断普及，给用户带来更便捷的购物体验，跨境交易可以随时随地完成。电子商务基础设施的完善也使跨境电商的市场在原有基础上进一步扩大。

二、我国跨境电商的发展对策

（一）基于普遍性问题的对策

1. 加强跨境电商的监管

除了政策法规的约束外，我们应更加注重市场监管。事实上，由于跨境电商所涉及的部门众多，且电商发展日新月异，因此，需要我国提高相应的监管效率。具体而言，我们可以将监管分为监管部门的完善和加强行业自律两个方面。

（1）监管部门的完善

针对跨境电商的独特性，我们可以建立一个专门的监管机构。由相关的管理机构作出适当的回应来维护消费者的权益。

（2）加强行业自律

跨境电商行业协会作为政府与跨境电商公司的纽带，在跨境电商飞速崛起的大环境中，2014年，中国首个跨境电商行业协会在上海诞生，而广东、青岛、天津、杭州、义乌等地区也相继建立了跨境电商行业协会。同时，跨境电商的公司既可以了解自身的发展需要，又能够利用政府的相应政策来深入研究行业市场，以达成各自的目标。所以，我们需要最大限度地利用跨境电子商务协会在市场结构中的引领功能，建立一个以服务和信誉为主的专门性协会。

跨境电商行业协会需要充分发挥其在信息、人际交往方面的优势，策划并执行跨境电商领域的会议与培训，以便为跨境电商企业做技术上的援助与理念上的引领。同时，行业协会也需要利用其联系功能，构建起一座跨越技术的桥梁，促进国内外跨境电商人才的交流与经验的学习，引进跨境电商复合型人才，为遇到阻碍的中小企业提供技术指导，从而促使跨境电商企业高效、健康运营。

加快行业协会统一标准的制定，提高跨境电商的行业自律精神，从自身提高，以自律保证贸易的顺利开展。众所周知，自律胜于他律，提高本行业自律能力，能够更好地降低监管成本，促进跨境电商稳步发展。

2. 电商平台的自我完善

跨境电商的发展，离不开电商平台的自我完善。电商业务的自我提升涵盖了电商交易的所有环节。电商业务能够通过自律和构建适当的内部管理系统，优化采购流程，并增强对供应商的管理，从而确保其质量。针对消费者的购买体验，跨境电商有能力在世界各地的主要城市设置适当的实地体验店，构筑网络与实地联系的模式，从而满足消费者的购买体验需求。相关研究表明，线下体验店在一定程度上有利于跨境电商的发展。以中国为例，2021年8月，天津首家跨境电商实体店位于天津港保税区海滨六路，这标志着天津跨境电商保税零售行业进入了一个全新的阶段，同时也是天津消费模式新业态的一大亮点。

3. 合理发挥政府在跨境电商发展中的作用

无论是传统的实体贸易模式，还是目前备受关注的"互联网＋"贸易模式，在涉及跨境的双边或者多边贸易中，政府均扮演着至关重要的角色，它虽然不直接参与经济贸易的具体活动，但对各国、各地区的交流产生了深远的影响。在跨境电商贸易中，政府的角色定位十分明显。首先，政府是跨境电商贸易的纽带，国家之间和平良好的外交关系，是建立贸易往来的前提条件，跨境电商无论是贸易广度还是贸易深度都与国家外交息息相关，因此，政府部门必须努力营造良好的外交环境。其次，在跨境电商交易中，政府作为本国电商的坚强后盾，要帮助电商解决贸易纠纷。政府可以为跨境电商提供一定的支持，如税收减免、财政补助，帮助建构更加快捷方便的物流体系。

4. 注重文化差异，从数据中掘金

在"互联网+"的时代，想要抓住跨境电商的机遇，就需要将不同地区的语言、文化、消费习惯及行为模式做细致的对比和调研。在大数据时代，跨境电商公司能够利用大数据获取资源，并将这些数据标准化以提供精确且有效的信息。跨境电商公司能够高效地运用互联网和物联网等数据，准确地定位不同国家的客户需求和消费差异，理解不同用户的心理，精确匹配需求和供应，并在此基础上制定出针对性的营销策略，以避免产品的同质化，提升公司的核心竞争力。同时，充分利用大数据去洞察消费模式背后的市场。比如，通过顾客对不同产品或品牌的搜索量去分析用户需求，打造专属服务。此外，跨境电商平台可以充分运用区域的大数据，与大平台建立深度合作，这样就可以把跨境销售的环节打通，让中国企业更加快速、高效地开拓海外市场。

（二）基于宏观层面跨境电商发展的对策

1. 建立健全相关的法律体系

2021年7月9日，《国务院办公厅关于加快发展外贸新业态新模式的意见》正式颁布，该《意见》提出在全国推广B2B直接出口、跨境电商出口海外仓的管理模式；方便跨境电商的退换货管理；改善跨境电商的零售进口商品列表；并且增加跨境电商的综合试验区的试验面积。

鉴于跨境电商的交易具有虚拟性和全球性。因此，构建完善的跨境电商市场监控架构，推动监控信息平台的构建，以及创造跨境电商的跨部门数据分享与配合的机制，都成为跨境电商进步不可或缺的一环。

此外，构建电子商务法律法规体系还要注重以下三个方面：一是立法要与我

国的国情和我国跨境电商的实际情况相结合，法律法规既要起到规范交易行为、保护各方利益、维护交易安全的作用，又要保证跨境电商发展所必需的公平自由的环境，以促进跨境电商的发展；二是要将跨境电商的相关法规与我国的现行法律制度进行融合，以形成全面的跨境电商法规体系；三是要思考如何将我国的跨境电商法规和其他国际商法与普遍法规的原则进行融合。

2. 规范整合物流体系，加快"海外仓"等模式的探索

物流系统是电子商务发展的重要支撑，随着跨境电商业务的不断开展，在对物流体系需求增加的同时，跨境电商也对物流体系的质量与速度提出了新的要求。首先，我们需要将所有的物流系统融为一体，增强各个物流企业的协作，构建一个全面的物流信息平台，以实现对跨国物流的统一和集中管理；通过优化物流行业的规章制度，以便更好地监控和调节物流系统的运营效率。其次，我们需要提升物流系统的革新能力，加大"海外仓"等创新型物流方式的应用，重视生产服务行业和新型物流方式的融合，并且增强对信息科技、物流管理平台等生产性服务业对于跨境电子商务的支持力度，从而打造出一套有效率的跨境电商物流体系。

3. 加强国际营销方面的投入，打造跨境电商的国际品牌

首先，跨境电商公司需要建立全球化的市场营销观念。在跨境电商行业中，适度增加在国际市场营销上的投资，制定长期的市场策略，以提升产品的知名度。在国际市场营销过程中，应重视收集和分析消费者信息，针对不同的国家和地区，要深入了解其文化、风俗习惯、消费模式、政治环境等信息，具体问题具体分析，有针对性地制定国际营销战略。

其次，建立品牌认知。在跨境电商的活动中根据自身的优势，不断尝试打造具有国际影响力的电子商务品牌，将国际营销与品牌化战略相结合，同时根据自身的实际情况，推广具有中国特色的品牌和品牌文化。

4. 加大跨境电商人才培养力度

第一，我们需要充分利用高等教育机构的优势，积极推动跨境电商专业人才的全面发展。所有的高等教育机构都应当制订出具有针对性的培训计划，并且在合理安排跨境电商相关课程的同时，也要强调将其与实际操作紧密结合。同样，我们需要重视对跨境电商的职业教育发展，并培养出适应这一领域发展的专业技

术人才。第二，我们也需要运用各种资源，激励跨境电商公司对跨境电商从业者进行培训，以实际操作为基础，提升他们的专业知识和技能。第三，我们需要强化跨境电商公司与各大学和职业培训机构的合作，构建一个集产学研于一体的人才培育和教育平台，以此提升在校大学生的实践技能，并提高跨境电商从业者的整体素质。第四，应借鉴和应用发达国家在发展跨境电商方面的经验，同时结合中国企业的具体情况，通过人才交流不断提升我国跨境电商人才的专业能力。

（三）基于企业层面跨境电商发展的对策

1. 加快跨境电商信用体系建设

企业在经营中遵循的是诚信经营，没有诚信作为交易的前提，市场秩序将会出现混乱，尤其是跨境电子商务，由于其交易的平台是虚拟的互联网，且交易涉及不同的国家或地区，因此诚信建设更为重要。政府和相关机构应该协调配合，建设严格规范的信用体系。一方面，政府与其他有关部门有能力搭建起跨境电商的信誉公开服务平台，同时也能够为其提供政策、财力和数据资料的援助。这个信誉公开服务平台能够为各类信誉服务，例如跨境交易的法律问题，跨境电商的实体认证，企业的信誉检索，以及网络咨询等。另一方面，通过使用跨境电商平台，能够加强对跨境商户的审查机制，对于销售商的商品信息、数量、质量都有制度监管。此外，通过数据库的建立，对在跨境交易过程中违反诚信原则的商户实施严厉的处罚，并且对个别故意欺诈的商户实施公开声明、列入工商部门的黑名单等手段，从而给消费者带来优质的购物感受，也为跨境电商营造一个可靠的交易氛围。

2. 加强与金融和保险机构的合作

在跨境电商交易流程中，支付环节起着至关重要的作用。首先，要保障支付的安全性，因为这是决定跨境电商能否持续运营的核心因素。跨境电商公司应该提供专业且安全的支付平台，并积极与各国或地区的保险机构建立紧密的合作关系，以确保消费者的资金和账户得到有效的保护。其次，第三方支付系统需优化用户数据管理，通过多种手段验证用户资格，以便向交易双方提供更详尽的数据，以维护双方的正当利益。由于国际和本土金融机构的多样性，对于支付系统有着更严格的标准，因此，企业需要具备灵活和适应能力，加强与世界顶级金融机构的协作，创建一个兼容性良好的支付系统，以保障支付流程的安全。

除了要保障支付安全外，企业还应合理借鉴国际一流的支付平台，尽可能地为支付环节提供更大的保障。利用大数据更精准地定位用户消费行为，以客户为中心进行支付平台的创新，在保障支付安全的同时，提升用户满意度，提高企业在国际中的竞争力。

3. 完善售后服务体系

售后服务是跨境电子商务的后勤保障，完善的售后服务体系将给消费者带来愉悦的购物体验。电子商务的运行依赖于虚拟的互联网交易环境，这与传统的实体店铺购物有所区别，购销双方无须进行直接的交互。跨境企业在售后服务中应着眼于消费者的切身利益，简化售后服务程序，对消费者退换货、消费者权益保障等问题，建立完善的售后服务体系，保障消费者的合法利益。

4. 以差异化服务满足个性化需求

在服务方面，要运用大数据做好客户分析，精准定位客户多样化的消费需求，塑造自己的核心竞争力，比如，一些平台打出 30 天退货的口号，以超长的售后服务来解除消费者的顾虑。

在商品供应方面，跨境电商企业应综合考虑各国的商品和消费需求特点，着眼于不同国家消费者的消费习惯和消费心理，放眼全球，开展特色商品专区服务。例如，中国的丝绸、瓷器、清凉油等深受国外消费者的欢迎，因此，可以设立中国特色商品专区；又如，日本的电子产品、澳大利亚的奶粉、巴西的咖啡、韩国的化妆品等在全球均具有较好的口碑，可以根据各国品牌知名度及消费者需求设立特色商品专区。特色商品专区的设立不仅为消费者提供了特色商品，而且在很大程度上满足了消费者对各国商品的一站式购物需求。

面对跨境电商行业竞争的日趋激烈，跨境电商企业可以利用好各国商品的优势，优化配置，努力构建出具有多元文化特色的电商平台，以满足全球消费者的多元化需求和愉悦的购物体验。

5. 视野全球化，渠道多元化

跨境电商面对的是全球各个国家，海外货源的掌控十分重要。跨境电商企业可以多渠道推介商品，不再局限于电商平台。电商行业的不断进步使得当前的跨境电商公司已经步入了一个融合了网络精确推广与多样化推广的新阶段，各种社交平台的产生增加了商家与消费者的互动。企业可以根据消费者的不同特点通过社交平台建立不同的商圈，为产品的分享与推介提供基础，增加商品的知名度。

此外，我国中小企业应具备国际视野，面向全球的消费市场，不能仅仅局限在少数国家及少数品牌的商品上，应该放眼全球，深入拓展不同类型的海外市场，加大对消费者市场的调研与细分，积极推介国内外优秀品牌以增强软实力。

第三节　跨境电商的法律法规

随着互联网科技的提升以及物流服务的优化，流程简化、费用降低的海外电子商务领域在过去几年迅猛崛起。以天猫国际、京东全球购、盒马鲜生、网易考拉、亚马逊海外购等为代表的跨境电商已经逐渐形成稳定的行业格局，但后起之秀也不容小觑。然而，在法律领域，各种跨境电子商务运营实体都有可能面临如支付结算、IP维护、货运流转、税务和检测检疫等领域的法律问题和诉讼风险。

一、跨境电商支付与结算的法律法规

目前，我国在跨境支付领域已经出台了相关的法律法规。其中，《跨境贸易人民币结算试点管理办法实施细则》主要是在试点区域践行对跨境支付的监管并关注支付安全问题；《电子支付指引》主要是对电子支付进行法律界定，并对服务申请程序和规范等内容做了规定，重点是对支付损失责任进行了划定；《支付机构跨境电子商务外汇支付业务试点指导意见》主要是针对小额跨境电商支付交易，对机构的准入与业务管理方面提出要求等。

二、跨境电商知识产权保护的法律法规

知识产权制度是一种通过设立专有垄断权对主体的智力成果进行合法保护的制度，其目的是鼓励创新，并实现个人利益与公众利益之间的平衡。如果知识产权制度遭到肆意破坏，那么其激励创新功能将大打折扣，全社会的创新与发展将受到影响。

目前，我国在知识产权保护方面的法律法规主要以单行法的方式出台。《网络交易管理办法》主要是对经营者不侵犯他人企业名称与商标等侵犯知识产权的内容、免受上述条款约束的商品以及平台的责任进行说明；《反不正当竞争法》主要是对不得从事破坏知识产权的活动进行了明确的说明，如未经同意不得使用相关网站的特有域名、未经授权不得使用相关团体的电子标识等；《知识产权海关保护条例》主要赋予了海关对出入境商品的知识产权实施保护的权利；其他相关法律还包括《商标法》《专利法》《著作权法》等。

三、跨境电商国际物流的法律法规

目前，我国与跨境电子商务与国际物流相关的法律有《消费者权益保护法》《海商法》《民用航空法》《铁路法》《反不正当竞争法》等。

四、跨境电商税收的法律法规

目前，我国主要依据《海关法》《个人所得税法》《税收征收管理法》等法律来落实跨境电商征税。我国海关公布的《关于跨境贸易电子商务进出境货物、物品有关监管事宜的公告》对企业的"货物清单"、个人的"物品清单"等办理免税手续条件作出规定；《关于调整进出境个人邮递物品管理措施有关事宜》对个人寄出到不同国家和地区商品的免征税税额标准以及对超出限值的非个人自用物品的退运或按货物要求办理通关手续等方面作出了规定；《关于实施支持跨境电子商务零售出口有关政策的意见》中专门提出要对我国跨境出口企业制定新的税收制度，并由税务局、财政部等相关部门研制对该主体实行的出口退税、增值税、免税条件等政策；《关于跨境电子商务零售出口税收政策的通知》对出口企业的消费税、增值税等的退免条件等提出了相关的税收细则。

五、跨境电商检验检疫的法律法规

边境检验检疫部门的主要工作是针对所有的人员、动植物和其他物质实施必要的安全审查与防疫措施。边境检验检疫部门通过严谨的监控，向公众提供优质的公共服务，消除如核辐射、疾病蔓延、外来物种入侵等潜在的风险。这样做，既保障了我们的国家安全，也保障了社会的总体安全，边境检验检疫在我国的国家体系中扮演着无法取代、无法剥夺、无法忽视的关键角色。在出入境物品的检验检疫方面，我国有《中华人民共和国进出境动植物检疫法》及其实施条例、《中华人民共和国进出口商品检验法》及其实施条例、《中华人民共和国国境卫生检疫法》及其实施细则和《关于实施支持跨境电子商务零售出口有关政策的意见》等。另外，我国也特别制定了两个关于跨境邮政和跨境快递的管理规定。这两个规定清晰地指出，全国各地的出入境快递和邮政物品的检验检疫管理任务都是由国家市场监督管理总局进行统一管理的。

第四节　跨境电商的运营管理策略

一、定位跨境电商品牌

（一）跨境电商品牌建设路径

跨境电商为外贸公司提供了一条成本较低、风险较小的品牌发展道路。以Anker（安克）的移动电源产品为例，其3000毫安时的移动费用仅21元，而其销售价格为19.99美元，并且提供包邮服务，折合人民币121元。此外，该产品还获得了1550个真实的用户评价，平均得分为4.5星。

归纳跨境电商的品牌有如下几个路径：

一是注册目的国品牌。通常，在海外申请品牌的费用只需800～900美元，这算得上是较少的投入。无论未来能否打出知名品牌，至少拥有品牌的商标才具备打造知名商标的可能性。

二是尽可能使商品拥有独特的命名。如果传统的大批量出口制造商尚未完全准备电商供应链，那么就可以考虑进行分销，向跨境电商提供商品。无论盈亏如何，至少需要确保所制造的商品拥有自身的商标，而非仅仅依赖于出口商的商标。

三是尝试创建一个真实的网络品牌。借助中国的生产力，结合对目标国家消费者的基础认识，不断优化，推出适应市场需求且性价比较高的产品。此外，我们应试验一些SNS运营，使品牌影响力深入到忠实顾客的内心；同时，也可以试图组建一个团队，进行跨国B2C网站的探索，自主掌控的渠道将使创建品牌的过程更为有效。

四是尝试在线进行创新，构筑自身的品牌。在网络销售中，已经积聚的品牌粉丝、丰富的经验以及对市场的深入理解，已经塑造出了相对的"数字商誉"。这也提升了我们的供应链在电子商务领域的运营技巧。对于具备实力的制造商，可以根据需要，选择在海外组织设计与开发的商业团队。例如，华为在日本的研究机构；一些海外商业企业，正在进行海外的二线品牌和销售网络的整合。这或许意味着品牌化的道路并非遥不可及。

（二）跨境电商品牌定位策略

品牌就是消费者对产品和企业的感性和理性认知，然而，这并不意味着商家无须设立品牌形象，反之，它们应该理论与实践相结合，即品牌应该保持口头和实际的统一。只有这样才能让消费者以我们期望的方式看待自己的品牌，才能在市场上众多挑选中选择自己的品牌。再小的企业，也有自己的品牌。

一个跨境电商企业如何快速打造自主的品牌，品牌定位是很重要的。在确定电商的品牌定位之前，我们研究的目标市场需要回答以下问题：

第一，什么情况下能引起消费者对产品的需要及购买。

第二，产品的具体特征是什么以及处在哪个商品类目。

第三，在消费者的认知里，自己所在的产品市场的领导者及竞争者所占的市场份额是多少。

第四，消费者喜欢和不喜欢的产品是什么。

第五，有没有市场缺口，自己的品牌是否可以填补市场缺口。

根据以上几个问题，下面给中小型跨境电商品牌提供几个有效的定位策略。

1. 成为品类第一

比如，lotsofbuttons.com（创立于香港）的品牌定位策略是成为全球最大的在线纽扣商店。lotsofbuttons.com 是一家垂直时尚跨境电商企业，凭其超全的品类，数量之最，还提供各种类型、大小、形状和设计，采购成本低，总部地理位置优越，可满足世界各地客户的需求，使之在消费者认知中成为同类产品中的第一。

2. 找到对立面

对立面品牌定位，就是相对或相反。是什么，不是什么。比如，是年轻人用的手机，还是老年人用的手机；是男装，还是女装。

3. 成为专家型产品

专家型产品定位，就是在某一个产品上做得既专又深。比如，美国一家在线销售餐具的电商 Don't Eat With Your Hands（www.eatingtools.com），销售的每一个用餐工具都是由知名的手工艺工匠制作的，有故事，品质精良。

二、优化跨境电商的营销手段

（一）跨境电商定价优化

1. 定价的目标与影响因素

（1）定价目标

跨境电商市场的竞争日益激烈，在维持生存的前提下，业务扩张、追求更高的市场定位、最终达到利润最大化是跨境电商卖家产品定价的主要目标。跨境电商卖家定价目标，必须根据卖家自身的条件及跨境电商市场的竞争环境，在充分了解影响跨境电商产品定价的主要因素基础上，通过一系列跨境电商产品定价方法的运用以及合适的定价策略的选择来实现。不同的跨境电商卖家所处的发展阶段、市场的竞争程度以及自身竞争能力各不相同，不同的跨境电商卖家可能有不同的定价目标。

第一，维持生存目标。对于一些处在初创期、转型期或具有较大库存压力的跨境电商而言，争取一定的销量、保持生存或减少亏损是需要重点考虑的问题，取得大规模的利润是次要的问题。

第二，利润最大化目标。对于一些提供全新产品或新奇产品的跨境电商卖家，或在某产品领域具有一定市场影响力的卖家，利润的最大化往往是产品定价的主要目标。

第三，业务扩张目标。很多跨境电商卖家开始关注某个产品的销量排名以及该产品在某跨境电商平台的市场占有率，并以该产品来带动店铺其他产品的销售。产品销量大规模增长所引发的业务扩张，给跨境电商卖家带来了规模优势，并使其在产品的平台销售及上游的供应链整合方面取得一定的主导地位。在这种情况下，跨境电商卖家往往以较低的价格来压制同平台的竞争对手，并以较高的销量来取得产品采购上的价格折扣。

第四，市场定位目标。一部分跨境电商考虑自身产品及店铺的整体定位，将跨境电商系列产品的定价维持在一个相对稳定的水平。

（2）定价的影响因素

明确了跨境电商产品定价的目标后，就可以利用"量本利"的定价方法对产品进行定价。但在跨境电商产品定价之初，销量只是一个预测值，因此，在可变成本可控的情况下，可以根据直接影响跨境电商产品定价的因素来对产品进行定价。直接影响跨境电商定价的主要因素有以下六方面：

第一，产品采购成本。很多跨境电商卖家拥有相对稳定的产品供货渠道，根据自身的销量情况向供应商采购。在采购周期和采购批量相对固定的情况下，产品的采购价格也是相对固定的。

第二，跨境电商运营成本。跨境电商的运营成本大体上有两种：固定成本与可变成本。固定成本是短期内和跨境电商销量无关的成本，可变成本是随着跨境电商销量变化而变化的成本，包括人力成本、办公成本、平台佣金、平台推广费用、平台使用费用等。

第三，产品销量。跨境电商产品销量总体增长，可最大限度地摊薄跨境电商卖家在运营过程中支付的人力成本、办公成本、平台佣金、平台推广费用及使用费等成本部分，从而获得更大的产品定价空间与更多的利润。

第四，利润水平。在其他条件不变的情况下，价格越高，利润水平越高，但利润水平往往是根据"量本利"预测和计算得出的一个合理的总体利润水平。在价格下降时，销量往往会有明显的增长，跨境电商卖家反而可以取得更高利润水平。

第五，市场竞争状况。在产品生命周期初期，由于同质卖家相对较少，跨境电商卖家可以有更大的定价空间。随着更多跨境电商卖家的加入，市场竞争日趋激烈，为了取得足够的销量，跨境电商卖家则必须考虑适当降价。如果跨境电商由于专利、技术或款式等方面获得某款产品垄断性地位，那么就可以获得更大的自主定价空间。

第六，买家需求。在买家的需求大而卖家数量没有相应增多的情况下，跨境电商产品的价格一般可以适当上调；相反，如果买家的需求处于萎缩的情况下，则不可避免地会引起价格的下降。

2.定价动态优化策略

根据产品的生命周期，同平台卖家间的竞争情况、平台活动、季节的变化以及产品推广活动的开展等不同情况的需要，跨境电商卖家需要以灵活多变的定价策略，应对市场和消费者需求的变化。

（1）价格折扣策略

出于提高销量、清理库存、回笼资金等方面的考虑，跨境电商卖家往往会以不同的形式和不同的幅度降低产品的售价。

①功能性折扣

功能性折扣是指跨境电商卖家为了实现某项功能，如产品的推广活动等，对产品设定一种价格折扣。

②数量折扣

当顾客购买超过一定数量时，可以给予适当的折扣。在某跨境电商平台中，当买家一次性购买超过设定的数量，可以享受卖家为其设定的批发价。

③季节性折扣

对于服装、食品、电器等行业中一些需求随着季节变化的产品，卖家可以设定较大幅度的季节性折扣，以及时清理库存，回笼资金。

（2）国别定价策略

在跨境电商运营实践中，不同国别卖家所需支付的价格往往是不一样的，其中的原因是多方面的，如不同国别的快递成本不一样，不同国别买家的购买力不一样，不同国别交易风险上的差异等。

①"价格＋运费"定价策略

为了便于计算，很多卖家采取"价格＋运费"定价策略，将产品的成本以及必要的利润折算在价格中，根据不同国别和不同快递方式的收费标准，利用平台运费的设置功能，在产品的价格之外设定一个根据国别和快递方式而变化的运费，供买家选择。

②全球统一包邮价格

有一些跨境电商卖家对其产品设置了全球统一的包邮价格。这种定价策略往往适用于产品本身价值不同、重量较轻、运费占产品售价比例不高的情况，或具备较高的利润水平可以足够覆盖快递费用因国别变化而产生的差异。

③分区定价

分区定价就是将全球所有国家根据运费的高低分为若干个区，对于同一个运费级别的区域，采取同样的定价策略。对于运费最低的区域，可以采用包邮的定价方法。对于运费较高的地区，可以采用"价格＋运费"定价方法策略。

（3）心理定价策略

心理定价策略实际上是根据跨境电商买家的心理因素，如图便宜、图档次等，而采取的一种定价方法。

①招徕定价

招徕定价实际上就是利用顾客购买便宜商品的心理，特意安排几款特价商品，特价商品往往是顾客较为熟悉的产品，因此特价商品的存在，往往会使顾客潜意识地认为卖家其他产品的售价也不会太高，从而带动其他产品的销售。

②尾数定价

尾数定价是利用顾客对价格的数字认知而进行的定价，其表现形式往往是不超过某个具体整数或保留价格的零头。

③声望定价

声望定价实际上是针对顾客追求名牌或产品档次的心理而采取的高价策略。声望定价往往利用产品的品牌定位、名人代言、奢华包装、质量上乘、特殊工艺及创新设计等方面的元素整合打造，使顾客认定产品的高品质，甚至认为购买该产品是其个人品位、身份和地位的象征。

（二）跨境电商渠道优化

1. 建立公司自己的品牌体验店

跨境电商一般通过亚马逊、速卖通、eBay（易贝）和独立品牌站的方式来销售产品，线上销售产品有很大优势。

将跨境电商营销与实体营销相结合，进一步丰富品牌内涵，赋予品牌生命力。让产品进入消费者的生活中，一方面增加消费者对此品牌的好感度，另一方面也能尽量弥补电子商务所带来的产品价值不确定性，将线下体验感融入跨境电商产品中。可以尝试鼓励经销商开办线下体验店，或者让跨境电商产品进入各大商超，让销售渠道离消费者更近。在条件允许的情况下让线下互动见面成为常态，这样便回归产品销售的本质，让顾客在了解产品时可触摸、可试用，而不仅仅依靠情怀和产品概念来吸引消费者。对于一些正处于成长阶段的电商，其各方面均需资金投入，主要销售渠道为招揽海外经销商，让经销商在所在的国家进行销售，进驻当地的多个销售渠道。

2. 增加宣传渠道媒介

（1）社交媒体

在整个社交媒体发展迅速的市场上，跨境电商要找到自己的"流量密码"，开始布局社交媒体营销渠道，在国外社交媒体软件上注册公司账号，发布公司产品的相关社交媒体信息，在不同的社交媒体平台上创建交流社区，然后形成一个群体，进行公司的产品销售并塑造品牌形象，以扩大公司的影响力。并且主动创造与公司产品话题有关的有奖话题，鼓励让国外 App 使用者积极参与公司话题讨论，通过赠送奖品吸引更多的用户参与进来，这样有利于企业的品牌形象宣传，通过用户之间的口碑传播能让更多的人知道并了解跨境电商的品牌。

（2）短视频宣传

短视频的推广方式，受到了人们的青睐。一旦公司有"特选产品"出现，第一时间通过短视频的方式，向公司现有流量粉丝展示成果，并且通过功能、价格介绍，催促客户购买自己的产品。视频的内容主要围绕公司竞品对比以及应用场景展示，通过直播以及回复评论等方式与消费者及时互动以增加流量活跃度，从而促成流量转化，达到产品宣传的目的。

（三）跨境电商促销优化

1. 借助传统大型活动促销

促销活动是运用营销手段来传递信息，在美国"黑色星期五"等促销活动中，通过推广活动激发并吸引消费者的购买欲望和热情，进而推动他们的购买行为，这样更有可能让消费者对公司的品牌形象留下深刻的印象。伴随着电子商务和网络科技的飞速进步，网络购物已经变成了消费者选择购物方式的关键因素。在熟悉产品种类结构的前提下，有意识地调整促销活动中各类商品数量的比例，能够使促销活动的整体效果得到提高。比如，跨境电商的某一节日类商品，可以在节日前五天，以原价的形式售卖。临近节日期间，打折促销或者买一赠一等形式在网上售卖。节日过后，跨境电商企业会以成本价再次进行促销，减少存货对成本的增加。

2.限时限量低价的促销方式

限时限量低价是指特定商品在指定时间内低价限量销售，时间一过立刻恢复原价，通过活动预热营造活动气氛，还可以开启预约增加参与门槛，最终达到引流转化的目的。

预热期和销售期，将活动开始前一段时间（例如，48小时）设为预热期，如果进行秒杀活动，那么可以有以下几个方法和步骤：

一是在详情页设计倒计时窗口，用来营造紧张的促销气氛，可同时开启时间"预约"功能，引导用户关注预约，获得活动参与资格。

二是对原有的私域流量客户进行邮件营销和社交媒体营销。

三是在秒杀开始的时候增加广告预算投入，让更多的顾客看到此产品并进行购买，增加产品转化率。

四是在活动开始前进行邮箱通知关注和参与。

通过以上几种方式，在活动期间通过限时限量刺激，提高产品的浏览量和转化率，积累产品权重，在非活动期间也能获得足够的流量和产品销量。

三、跨境电商企业财务管理策略

1.优化财务组织架构

跨境电商企业需要注意到财务管理的重要性，并且需要改良自身的财务结构，同时也需要大力招募具有深厚理论知识、良好专业技能的财务精英。跨境电商企业还需要依照自身的财务管理情况及其发展趋势，参考当前的会计规则，对企业的内部财务管理体系作出更多的改良。跨国电子商务企业的领导者和财务部的主管也需要改变自身的财务管理观念，提升自身对于财务管理的关注和监督；积极引进财务专家，优化财务运营的管理体系，最大限度地减少在财务和税收上的风险。

2. 强化企业运营能力

跨境电商企业需要进行精细化的管理，并在此基础上加速达成高效运作的目标。一方面，跨境电商企业可以利用跨境电商平台的扫码发货功能，实时掌握商品的物流状况，及时发现发货不足或错误等问题，并进行售后处理。另一方面，跨境电商企业应持续优化退货流程，以提升客户满意度。在处理退换货的申请和退款手续时，客服团队必须与库存团队紧密合作，共享顾客的订购和商品数据，确认物流信息，这样才能有效地满足顾客的退换货或者退款需求，防止由于退换货和退款引发的经济困扰。

3. 打造财务人才队伍

跨境电商企业应致力于培养一支专业技术精湛、全面素质优秀的财务团队，并且不断推动跨境电商企业内部环境的改善。建立科学的财务管理体系、制定科学合理的财务管理规则等手段，为跨境电商企业发展策略的执行提供保障。另外，如果跨境电商企业想在激烈的市场竞争中获得更大的市场份额，就必须建立核心竞争优势，并形成品牌影响力。专业的财务人才是不可或缺的支持和保障，其能够帮助企业及时消除财务风险和不确定性。如果财务人员想在跨境电商领域取得更大的进步，除了需要掌握全面的财务知识，还应积极学习国际贸易和相关的IT，并且要时刻关注行业的最新发展，这样在提升自己的业务能力的同时，也能为跨境电商企业的发展提供帮助。

第二章　跨境电商的运营管理

　　目前，世界贸易国家将发展跨境电子商务视为国家的重要政策，这一行业的发展会直接决定国家竞争力，关系到国家战略目标的实现，因此，得到了国家的广泛重视，并不断提出全新的政策与制度。本章主要论述跨境电商运营管理的相关内容，从三个方面进行详细阐述，分别是跨境电商的供应链管理、跨境电商的物流管理、跨境电商的客户服务管理。

第一节　跨境电商的供应链管理

一、跨境电商供应链概述

（一）跨境电商供应链组成

跨境电商供应链是一个复杂的系统，涵盖了从满足国外顾客需求到最终交付的全过程。这个过程中涉及许多参与者，包括制造商、供应商、国际物流公司、仓储中心、分销商以及国外顾客。这些参与者共同构成了一个集成的组织"链"，通过信息流、产品流和资金流进行协调管理。跨境电商供应链的目标是降低采购、库存和运输等环节的成本，从而提高整个供应链的竞争力。为了实现这一目标，各个环节都需要密切协作，确保信息的准确传递和产品的快速流通。此外，跨境电商供应链还需要不断创新，以适应不断变化的市场环境和客户需求。这不仅可以提高供应链中单个企业的竞争力，还可以使供应链上所涉及的企业或组织分享更大的利润。跨境电商供应链主要由跨境电商供应链载体、跨境电商供应链实体、跨境电商供应链周期和跨境电商供应链系统四个部分组成的。

1. 跨境电商供应链载体

跨境电商供应链的载体包括产品流、信息流和资金流。以跨境电商速卖通为例，其在 2010—2014 年所取得的巨大成功，与其在供应链的信息流、资金流和产品流方面所具有的优势密不可分。2010 年 4 月成立的速卖通，到 2016 年已成为全球第三大英文在线购物网站，覆盖了全球 220 多个国家和地区，2010 年到 2016 年成交额年均增长超过 300%，这些都得益于对信息流、资金流和产品流的巨大投资和良好运作。

2. 跨境电商供应链实体

对于跨境电商而言，仅仅处理好供应链中的产品流、信息流和资金流等工作是远远不够的，还需要处理跨境电商的沟通与协调问题。企业内部方面，涉及职能部门内和职能部门间的沟通与协调；跨企业方面，这涉及不同企业之间的协调问题。供应链中各实体的战略应与整个供应链的竞争战略保持一致，形成共同目标。这个共同目标应以满足顾客需求为核心，并致力于实现供应链各实体之间的协同一致。这种协同一致能够增强供应链的整体竞争力，并有助于实现各实体的长期可持续发展。因此，供应链各实体应将顾客至上理念和协同一致作为制定战略的重要考量因素，以确保整个供应链的竞争优势。与供应链上各实体保持一致性的关键是，在供应链的各个环节，沟通与协调的范围有多大，匹配的范围就多大。具体来说，供应链实体的匹配范围可以分为三种情况。

（1）企业职能部门内供应链管理

企业职能部门内供应链管理是供应链的每一个环节都独立设计自己的战略。在这种情况下生成的战略组合不可能得到最大化的供应链剩余，因为会存在不同职能部门和不同作业部门相互冲突的情况。供应链上每一个环节的各个职能部门都试图最大限度地降低自己的成本，但跨境电商供应链管理不能简单地归结为各职能部门实现成本最小化。局部成本最小化观点通常使得各个部门无法相互协调，而缺乏相互协调的后果就是供应链的剩余被削弱。

（2）企业职能部门间供应链管理

管理人员逐渐意识到供应链上各实体协调的范围不应该仅限于各职能部门内部，于是沟通与协调的范围开始向外扩展，即开始基于企业职能部门间制定战略。在企业职能间的范围里，目标是企业利润最大化。要达到这个目标，所有部门制定的战略都要相互支撑，并且要服从企业的长期目标。在供应链实体的协调范围拓展到职能范围时，企业不再仅仅看重单个部门内的成本，而是注重企业的整体收益，即注重多付出一单位的成本可以带来利润的增加幅度。比如，仓储部门希望通过减少商品库存来降低库存成本，而市场营销部门则希望增加库存以便增加企业的响应能力从而获得更多的销售额。如果通过持有更多的产品库存可以获得的收入或利润要高于因此而产生的库存成本，企业就应该采取增加库存的行动。但是，对于整条供应链来说，这样的协调范围仍然是有缺陷的，比如，两个独立的厂商（制造商）和电商，电商希望通过实施快速响应的战略来吸引消费者，而制造商可能更看重效率或者说更看重成本，这样就很难达到整条供应链的最优状态，从而造成不必要的损失。

（3）企业间供应链管理

今天越来越多的企业获得成功不仅因为产品价格低或产品质量高、性能好，还因为它能对市场需求作出快速的响应，用最短的时间将已选购的产品送到客户面前而获得成功。

3.跨境电商供应链周期

跨境电商供应链所有流程可以分为一系列周期，每一个周期都发生在供应链两个相邻环节的接口处。流程应该包括供应商或制造商采购原材料环节、制造商生产产品环节、国际物流公司配送货物环节和处理顾客订单环节等，相应的跨境电商供应链流程都可以分解为采购周期、制造周期、补货周期和订单处理周期。每个周期都可以分解为卖方展示或推销其产品、买方发出订单、卖方接受订单、运输货物、买方接收货物等环节。跨境电商供应链的周期观点明确地说明了供应链所包括的所有流程及每个流程的承担者。在考虑供应链决策时，周期观点是非常有用的，因为它明确了供应链每个成员的职责和任务，以及每个流程的预期产出。

4.跨境电商供应链系统

跨境电商企业内部几乎所有的供应链活动都可以归属于客户关系系统（Customer Relationship Management，CRM）、集成供应链系统（Integrated Supply Chain Management，ISCM）和供应商关系系统（Supply Relationship Management，SRM）这三种部门流程中的一种。这三种流程对生成、接受并履行顾客需求所需的信息流、产品流和资金流有着至关重要的影响。

客户关系系统致力于满足顾客需求，并简化下单和跟踪订单的过程。客户关系管理流程包括客户关系、客户服务、市场营销、定价、销售、订单等流程。集成供应链系统致力于以尽可能低的成本及时满足客户关系管理流程所引起的需求，它包括内部生产和库存能力计划、供给和需求计划准备以及实际订单履行。供应商关系系统致力于为各种产品和服务安排并管理供货资源，包括评估和选择供应商、协商供应条款以及与供应商联系新产品和订购事宜。

上述三种部门流程都致力于为顾客需求服务。三种流程的整合对供应链的成功起到重要作用。因此，有必要建立一个有效地反映上述流程的供应链组织，以确保流程中的成员可以顺畅的沟通和协作。

（二）跨境电商供应链的重要性

跨境电商相对于国内电商和普通企业而言，所涉及的实体更多、载体更丰富、周期更长、系统更复杂，因此，有效的供应链管理对跨境电商能否在竞争中取得成功至关重要。

1. 供应链对综合跨境电商平台的重要性

供应链对综合跨境电商平台能否取得成功至关重要，速卖通的发展历程提供了一个有力实证。速卖通发展初期的目标市场定位于欧美区域是出于以下几个方面的考虑：其一，欧美买家已经养成了采购中国产品的习惯；其二，金融危机后，欧美买家呈现碎片化的采购趋势，速卖通能够满足他们小批量、多频次的采购需求；其三，英语网站的筹备相对容易，且能够辐射欧美大部分国家。随着全球化的发展，越来越多的新兴市场国家加入国际贸易的大家庭中。速卖通作为中国领先的 B2C 跨境电商平台，敏锐地捕捉到了这一商机。速卖通发现，这些新兴市场国家的工业基础普遍薄弱，线下商品流通不充分，导致当地消费者对海外商品的渴求度极高。于是，速卖通果断决定加大在新兴市场国家的推广力度，以满足当地消费者的需求。为了更好地融入当地市场，速卖通不仅上线了多语言网站，还针对不同国家的文化和消费习惯进行了深入的研究。通过这些努力，速卖通在许多新兴市场国家中成为领先的 B2C 跨境电商平台。根据对市场的预测和对定位消费者的理解，速卖通对其供应链作出了适当的调整。

2. 供应链对跨境电商实体企业的重要性

供应链是跨境电商实体企业能否取得成功的重要因素。库克刚加盟苹果公司时，苹果公司的供应链设计效率较低。就其主打产品苹果计算机来讲，零部件供应商在亚洲，组装厂商在爱尔兰，并且有很多库存，其供应链设计为从亚洲购买原材料，运往欧洲的加工厂进行加工，组装成品，再发往全球各地销售，这样的供应链成本很高。之后，库克对其供应链的设计进行了修改，秉承 IBM（国际商业机器公司）和计算机行业的最佳实践，开始搭建系统的供应链。库克关掉在美国和爱尔兰的生产设施，启用亚洲的合同制造商，建立实时库存系统，通过这些举措使得苹果公司的利润大幅增加。

小米公司取得的巨大成就也与其供应链有密切关系。在短短几年内，小米公司凭借其卓越的价值评估，已跻身为全球市值最高的公司之列，其价值高达100亿美元。尽管与腾讯、阿里巴巴和百度等巨头相比，小米公司在市场上的排名稍显落后，但其在如此短暂的时间内所取得的显著成就，无疑引人注目。在白热化的市场竞争中，小米公司如何能够取得如此辉煌的业绩？答案就在于其供应链模式的创新。

第一，小米公司通过采用C2B预售模式，成功地实现了零库存管理。这种模式为跨境电商行业带来了巨大的变革，解决了长期以来困扰广大企业高库存的问题，提高了资金周转和资金使用效率，减少了销售下滑和亏损。而小米公司通过采用C2B预售模式，将消费者的需求直接反馈给生产企业，实现了按需生产，从而减少了高库存风险。C2B预售模式的核心在于精准把握用户需求。小米公司通过电子商务平台进行预售活动，让消费者提前下单购买产品。这样一来，小米公司可以根据用户的需求精确地安排生产计划，避免盲目生产导致的库存积压。同时，这种模式还使小米公司能够及时了解市场动态，调整生产策略，以满足不断变化的市场需求。此外，C2B预售模式还为小米公司带来了资金方面的优势。通过预售活动，小米公司可以提前收到消费者的货款，实现资金的快速回笼。这有助于解决企业在前期融资方面的困难，降低企业的财务风险。

第二，小米公司通过精减供应链，仅涉及研发组、供应商、代工工厂、核心企业、顾客几个主要环节，大大减少了中间代理商和中间流转环节的存在。这种供应链的缩短使得小米公司的经营成本大大降低。首先，由于中间代理商和中间流转环节的减少，小米公司能够更直接地与供应商和代工工厂进行合作，避免了中间环节的费用支出。其次，供应链的简化也意味着更高的效率和更快的响应速度，从而降低了库存成本和物流成本。此外，由于供应链的缩短，小米公司还能够更好地掌握市场需求和产品销售情况，从而更加精确地进行生产和库存管理，进一步降低了成本。与此同时，供应链管理的隐性成本也得到了降低。传统手机供应链中的中间代理商和中间流转环节往往需要大量的人力和物力投入，以及复杂的信息传递和管理过程。而小米公司通过精简供应链，减少了这些中间环节，使得供应链管理变得更加简单和高效。这不仅降低了管理成本，还提高了供应链的灵活性和响应能力，使小米公司能够更好地适应市场变化和满足顾客需求。

（三）跨境电商供应链的战略

在全球化的大背景下，跨境电商供应链战略已经成为企业发展的重要组成部分。该战略着眼于整个供应链，包括原材料的采购、运输、产品的生产和服务的提供，以及配送和售后服务等各个环节，都进行全局性规划。这一战略不仅关注企业本身，更是跨越了地域和行业的界限，从全局和整体的角度审视整个供应链流程，其目的在于提高整个供应链的效率，降低成本，增强企业的竞争力。而这种竞争力的提升，并非仅仅来源于企业所提供的产品或服务本身，还来源于整个全球供应链流程所创造的价值。因此，跨境电商供应链战略管理对于企业的发展至关重要，需要引起足够的重视。

在一条供应链中，由于所有的信息流、产品流和资金流都会产生成本，因此有效的跨境电商供应链管理应该包括对供应链资产的管理、库存的管理、物流的管理，这样实现供应链总剩余最大化的方法就变得十分重要。具体来说，跨境电商供应链涉及不同层次，存在不同动力机制、追求不同的战略目标。跨境电商供应链战略可以主要体现为层次论、动力论和标的论三种。

1.跨境电商供应链层次论

成功的跨境电商供应链管理需要制定与信息流、产品流和资金流相关的各种决策，这些决策根据其战略重要性和影响的时间跨度分为三个层次：供应链全局设计、经营计划和具体运作。全局设计阶段限定或者说确保了好的经营计划，而经营计划则又限定或者确保了有效的具体运作。

（1）跨境电商供应链全局设计

在设计阶段，企业需审慎决策，以构建合理的供应链结构。这涉及供应链的整体布局、各环节的流程设计，以及每个组织应承担的任务。这些决策具有深远的影响，因此，常被称为战略供应链决策。这些战略决策涵盖了生产与仓储设施的选址及能力规划、各地区产品的生产或存放策略、灵活的运输模式以适应不同的交货需求，以及信息系统的选用等关键要素。为确保供应链的高效运作，企业必须确保供应链的配置与既定的战略目标保持一致。

（2）跨境电商供应链经营计划

在供应链配置确定后，企业需进一步制订供应链计划，以指导短期的运营活动。这些计划需严格遵循既定的战略供应链配置要求。预测未来一段时间内的市场需求是制订计划的基础。在此基础上，企业需决定各地区供应哪些市场、库存量如何、是否需外包生产、补货策略、库存政策、备货点的设定、促销活动的时机和规模等关键运营政策。这些决策的制定，旨在确保供应链的高效运作，以满足市场需求，并最终实现企业的战略目标。

（3）跨境电商供应链具体运作

在企业的运营过程中，无论是在哪个阶段，都会根据预先设定的供应链计划来进行具体的决策，以实现客户的订单需求。这些决策的时间单位可能是"周"，也可能是"天"，具体取决于企业的实际情况和需求。在运作阶段，公司根据供应链计划分派订单给相应的库存或生产部门，明确订单的完成日期，并生成仓库提货清单。此外，还需确定订单的交付模式，设定交货时间表，并发出补货订单。这一阶段的决策时间较短，通常面临的需求不确定性较小。通过高效的运作决策，企业能够更好地满足客户需求，降低运营成本，并提升整体竞争力。而通过合理的运作决策，企业能够更好地应对市场需求的变化，提高供应链的灵活性，降低运营风险，并最终实现可持续的竞争优势。

2.跨境电商供应链动力论

根据跨境电商动力来源的不同可以将跨境电商供应链分为推动式供应链、拉动式供应链和推拉混合式供应链。

（1）推动式供应链

推动式供应链是一种以企业自身产品为导向的供应链模式，其运作基于制造商对市场的预测。在这种模式下，制造商根据市场需求和销售预测来制订生产计划，并通过供应链将产品推向市场。如果制造商能够准确预测市场需求，就能成功销售产品并获得利润。如果预测不准确，就会供不应求，使得整体利润减少；相反，如果制造商对商品的市场预测偏大，就会出现退货、库存积压等问题，致使企业增加成本。因此，推动式供应链需要制造商与供应商、分销商等合作伙伴密切合作，以确保产品的交付时间和交付质量。如果合作伙伴出现问题，如延迟交货或产品质量等，可能会对企业的销售和声誉造成负面影响，这些商业风险也是不可忽视的。

（2）拉动式供应链

拉动式供应链是以满足客户需求为前提的。企业根据收到的订单来安排生产，因此，也被称为客户导向或订单导向供应链。这种供应链的运作，首先由企业收到客户的订单，然后以此为触发点展开一系列的供应链活动。它要求企业具备较好的市场敏感度和快速响应能力，能够根据客户需求进行生产和采购等操作，并加强对供应链的协调和管理，以提高整体竞争力。采用这种模式的供应链，增加了企业控制市场的能力，能够使企业适应复杂多变的市场，使企业运营处于一种良性状态，从而节约企业运营成本，有效地跟进客户服务。事实上，跨境电商并不能在接到订单后再组织生产和配送，所以很难应用拉动式供应链，但是采取定制模式的供应链可以采用拉动式供应链。对一个特定的产品而言，在选择供应链战略时，企业需综合考虑需求端的不确定性和自身生产和分销的规模经济性。在其他条件一定的时候，市场需求的不确定性越强，企业应优先考虑采用基于实际需求的供应链管理模式，即拉动战略。这种战略强调根据实时市场需求调整生产和物流，以降低库存成本并快速响应变化。相反，当市场需求不确定性减弱时，企业可考虑采用推动战略。这种战略基于长期预测来管理供应链，旨在利用生产和分销的规模经济性降低成本。推动战略注重预测市场需求，提前生产和库存布局，以实现成本效益最大化。

（3）推拉混合式供应链

推拉混合式供应链是一种灵活的供应链管理模式，通过结合推动和拉动策略的优点，企业可以更好地应对市场需求的变化，降低运营成本，提高整体竞争力。

在实践中，可以将顾客的需求作为分界点，分别采取推动式和拉动式的运作模式。在分界点之前，可以采用大规模通用化的方式进行生产和需求预测，以形成规模经济。这种方式有利于降低生产成本和提高生产效率。在分界点之后，可以采用延迟策略，将产品的后续分级、加工、包装和配送等过程推迟，以便更好地满足客户的个性化或定制要求。一旦接收到顾客的订单信息，企业可以根据实际订单信息，迅速将产品分级、加工及包装为最终产品，实现对顾客需求快速而有效的响应。这种方式能够更好地满足客户的个性化需求，提高客户满意度。例如，某生产T恤的厂商先按照推动式的大规模生产、裁缝成品，但并未给衣服染色，而是在接收到个性化的订单后，再按照需求进行染色，这种在分界点之后实施的策略就是拉动式差异化整合模式。不过，顾客的需求变化会引起分界点的位移。当分界点出现向供应链上游转移时，意味着顾客需求信息更早地被切入生产过程，这会相应缩短产品的同质化生产阶段，从而扩大按订单执行生产供应活动的范围。这样企业可以根据更具体的顾客需求进行生产，更好地满足市场的个性化需求。相反，若将分界点向供应链下游转移时，产品的个性化培育可能被推迟，规模化生产的时间则会相应延长。这种调整可以更好地平衡规模经济和个性化需求，提高整体供应链的效率和竞争力。在实践中，顾客需求分界点的位置通常依据产品及其生产系统的特征、市场需求的特点以及企业的战略目标等因素进行调整。

3.跨境电商供应链标的论

产品大体上可以分为两类：功能型和创新型。这两类产品类型各具特点。首先，功能型产品主要是指满足消费者基本需求的产品。这类产品的特点是需求稳定且可预测。这意味着消费者对这类产品的需求不会因为市场环境的变化而大幅度波动，企业可以提前预测到产品的需求量，从而进行合理的生产和库存管理。此外，功能型产品的生命周期通常较长，这意味着它们在市场上的存在时间较长，可以为企业带来持续的收入。其次，创新型产品是指在样式或技术上进行创新的产品。这类产品的主要特点是满足消费者的特定需求，这些需求可能是现有的产品无法满足的，或者是消费者的潜在需求。通过在模式或技术上的创新，企业可以开发出独特的产品，从而获得较高的利润。然而，创新型产品的需求通常是不可预测的，这是因为消费者的需求可能会随着市场环境的变化、技术的进步或个人喜好的改变而变化。此外，创新型产品的生命周期通常较短，这意味着它们在市场上的存在时间较短，企业需要不断推出新的产品来满足消费者的需求。因此，可以将供应链战略划分为两类：效率型供应链战略和响应型供应链战略。

（1）效率型供应链战略

效率型供应链战略是一种以最低成本将原材料转化为成品并运输的战略，主要应用于功能型产品。这种战略的核心思想是通过共用措施降低成本、优化订单安排，从而实现存货最小化和生产效率最大化。在效率型供应链战略中，企业通过精确的需求预测来规划生产和物流计划。由于功能型产品的需求相对稳定且可预测，企业可以通过分析历史销售数据、市场趋势和客户需求等信息，准确预测未来的需求量，这样可以避免过度生产或库存积压，进而降低存货成本。

（2）响应型供应链战略

响应型供应链战略是一种针对创新型产品，尤其是跨境电商经营的时尚类产品的有效策略。首先，响应型供应链战略注重的是响应速度。在竞争激烈的市场环境中，消费者的需求变化迅速，企业需要迅速地对市场变化作出反应。通过建立高效的供应链网络，企业可以更快地获取市场信息，并将其转化为产品和服务的改进。其次，响应型供应链战略强调的是柔性。由于一些品类的市场需求经常发生变化，企业需要具备灵活的能力来适应这些变化。柔性供应链可以通过灵活的生产计划、库存管理和供应链合作伙伴的选择来实现。因此，通过注重响应速度和柔性，以及有效的风险管理，企业可以更好地适应市场的需求变化，提高竞争力和盈利能力。

二、跨境电商供应链采购管理

（一）跨境电商采购流程与作用

采购的相关流程包括供应商的选择、供应商的谈判、设计定制、产品采购以及采购结果的评价和反馈。企业在制定采购策略时，需要考虑影响采购总成本的关键因素是哪些，并着重对这些因素进行调整。例如，一个企业长期采购大量低价值产品并进行加工，那么，对于该企业来说，提升采购效率、节约交易成本能大幅缩减采购的总成本，而与供应商的设计协同则对总成本的影响相对较小。

首先，供应商的评估和选择是通过企业对各供应商进行绩效评级后选出合适的供应商的过程。在对供应商进行评估时，不仅要根据供应商提供的产品售价高低来决定优劣，还要根据各供应商对供应链盈余增加的贡献和对总成本的影响来综合测评。供应商对总成本的影响因素包括订单完成及交货时间、产品质量、运输时间、合作程度等。因此，完善的供应商评估应该是综合各个绩效指标以及所有可能影响总成本的因素，从而得出供应商评分。此外，供应商的选择并不是一步到位的，而是需要经过初评，选出符合条件的供应商进行详谈，最终确定合作对象。

其次，谈判与拍卖是在选择供应商时让企业获得更合理的价格和更低的总成本的一种方法。通过运用不同的拍卖方式，以便从中挑选成本最低的供应商并与之合作。然后，设计定制时让供应商从产品设计环节便参与进来，与供应商在产品设计上达到协同可以在很大程度上降低产品成本，也可以使产品的供应更为及时高效，进一步增加供应链的盈余。此外，设计定制还包括采购合同的设计。采购合同的设计是通过不同的合同内容设计来激励供应商创造更多的供应链盈余，同时减小双重边际化的影响和信息的扭曲。采购环节主要针对不同的采购物品采取不同的采购方法，以更低的成本来保障生产的顺利进行。最后，需要对采购结果进行简要总结分析，汇总各供应商在采购流程中的绩效表现，将结果及时反馈到企业的数据库中，以便进行供应商的管理，减少采购风险。

对于跨境电商企业来说，外购材料或零部件已经占据了企业销货成本的较大部分，如果能大幅度地降低销货成本，企业将获得更大的竞争优势。优质的采购决策可以帮助企业降低生产成本，扩大竞争优势。优质的采购决策可以从多方面帮助企业获益，不仅是供应链盈余的增加，还有对风险的控制。具体来说，企业可以从以下几方面获得有效的采购决策所带来的益处：第一，企业通过将订单大量集中，实现规模经济效应，进而有效地降低采购成本，尤其对单位价值较低且采购量较大的产品更为明显；第二，对于单位成本较高的零部件来说，与供应商的设计协同可以更快速、精确地生产出所需的产品，从而降低总成本；第三，通过与供应商的协作，信息得到更好的交互共享，可以降低库存水平，更好地满足需求；第四，通过拍卖与合同设计，让供应商与企业目标趋于一致，从而降低信息扭曲与目标不一致带来的成本增加。

（二）跨境电商采购管理结构

1. 整体考虑

企业作为采购方，不能只考虑自身的采购成本，从而试图获得最大的利润。在总体利润不变的情况下，采购方的利润增加意味着供应商利润的减少，虽然对于大采购商来说有足够的能力迫使小供应商放弃一部分利润，但如果压榨过度，其他的问题也就会接踵而至。因此，采购方应该从整体的角度来考虑与供应商的关系和协作问题，同时让供应商参与到设计流程中也可以更好地降低整体供应链的成本。如今，同类型制造商在产品的制造成本方面已相差无几，想要继续减少生产成本，就需要采购双方在产品的协调性上作出努力，而产品协调性的高低在设计阶段就已经确定。因此，供应商与采购方之间需要在产品设计阶段开始，通过产品信息的共享达到设计协同。

企业在设计阶段进行合作可以缩短产品的开发和制造时间。在采购双方的共同努力下，产品的研发可以得到更多的技术支持，而且由于供应商在设计阶段参与了研发，研发成功后可立即投入生产，极大地缩短了生产前的沟通时间。产品生产周期的缩短对企业赢得竞争提供了很大的帮助，尤其对于高科技行业而言，在设计阶段的协同往往能够帮助企业更快地推出新产品占领市场。随着供应商越来越多地承担设计责任，供应商需要明确其设计是为了满足生产和物流需求。满足生产需求是指其设计的产品应当方便制造，尽量减少制作的步骤和流程。满足物流需求是指供应商可以通过适当的设计来减少运输、配送及仓储的成本。在降低运输成本和库存成本时，采购方通常将产品以模块化、组合化或灵活化的方式进行生产。模块化是将产品分为不同的模块，通过不同的模块组合方式而形成不同的产品，这样既可以增加订货批量，又可以提升库存的利用率，减少库存积压。组合化是指企业在设计时将多种功能组合成一款产品，这样通过一款产品的生产满足不同客户的需求。灵活化则是指产品在制成后可以根据需求来进行任意调整。

通过整体考虑，采购方不仅可以加强与供应商之间的联系，还可以从成本的降低、生产周期的缩短和质量的提高上获益。同时，供应商也会在设计和生产中投入更多精力，在设计协同中承担更多的设计责任，当然这也会从采购方的利润中得到适当的补偿。

2. 跨部门协作

采购的分散会增加供应商的数量，不易管理，而且每个部门的采购量较小，无法实现规模经济，也使得采购的成本大大提高。而集中采购就能弥补分散采购的缺点，这就需要跨部门协作，将部门采购上升为企业层面的采购决策，由企业整体去和供应商进行谈判，然后将订单交由相应部门去执行。集中采购不仅协调了部门间的运作，还对供应商进行整合，减少供应商的数量，提高了采购效率，还实现了更优惠的价格。同样，设计部门之间也需要跨部门的沟通和协作。采用标准件、选用统一的设计模具可以减少重复设计带来的损失。大部分企业生产的产品往往是同一类型的，因此很多零部件或模具都是可以通用的，将通用的零部件标准化，这样可以节省很多不必要的时间和成本。在产品的设计阶段，设计部门要主动和其他部门沟通，在设计时就要考虑到原材料的供应、产品的生产以及运输等问题，通过各环节的综合考量来实现设计的优化。

此外，对于需求的管理也需要各部门之间的通力合作。销售在谈判时并不都能一次成功，而是需要不断地沟通来增加成功的概率。当销售部门对成功的概率作出预测之后，需要将数据与产品、运营、设计等部门共享。例如，企业规定，在成功率达到 6% 的时候，运营部就可以将需求录入系统。若在需求录入后，谈判最终以失败告终，而信息没有及时共享的话，将会使企业积压大量的库存。此时，信息共享可以使企业及时对需求的变化作出调整，避免不必要的损失。企业可以通过跨部门的整合与合作使得企业内部的运转更加高效流畅，企业内部的整合也使得企业摆脱了繁重重复的作业流程，将更多的精力放在供应链的管理上。

3. 机制设计

"机制设计是采购方与供应商之间关系的保障，既包括之前的合同设计，也包括调整机制和预警机制等。"[①] 机制的设计不仅要包含企业内部机制，同时也要

---

① 鄂立彬.跨境电商供应链管理 [M].北京：对外经济贸易大学出版社，2017：12.

考虑到与供应商之间的外部机制。企业内部机制是为了规范内部流程，防范内部风险的发生，而外部机制是为了更好地维系与供应商之间的关系，增加供应商为完善绩效而做的努力，通过激励与惩罚的合同设计、供应商的预警机制以及调整预案机制，可以很好地提高供应链的稳定性，减少由于供应商主观意愿而带来的损失。

采购中所面临的风险主要有供货的延迟或中断以及供应链成本的增加。对电商企业而言，采购时的供货中断对采购方的影响极为严重，供货不及时是对其致命的打击，不仅会造成顾客的迅速流失，还有可能失去竞争地位，因此，对于供应商的管理十分重要。电商企业通常会选取几个主供应商以及若干次级供应商来预防供应链的断裂。

由于多个供应商的开发成本较高，因此企业也可以通过增加库存或保留部分自行生产能力的方式来防范断货的风险。商业机密泄露的风险可以通过签署保密协议或自行负责机密部分的生产来降低。供应链成本的增加往往是由于技术的革新、供求关系的改变或者汇率波动等造成的。对于技术以及供求关系改变的风险，企业可以选择在合同中增加例外条款或签署临时性短期合同的方式进行规避。而对于汇率等金融风险，企业可以通过金融衍生工具来进行套期保值。由此，通过对采购中的风险进行合理的规避，企业可以更顺利地完成采购流程。

如果说整体考虑和跨部门协作是在采购方与供应商之间搭建了一个完善的关系网络，那机制的设计相当于这个网络当中的一道防火墙，使其不会因为某一方的问题而影响整个网络的运作。

4. 合作共赢

整体考虑、跨部门协作、机制设计三个方面可以帮助企业与供应商建立起十分密切且牢固的关系，而合作共赢则是让企业知道进行供应商管理应当实现什么样的结果。合作共赢是采购方与供应商之间寻找最大公约数的过程，在这个过程中，双方既要增加整体的规模，也要创造更多的协同，并不是一味地相互迁就就可以共赢，要规划好目标，制定好机制，才能真正地实现供应商管理的最终目的。

三、出口供应链优化

1. 优化物流系统

要充分发挥"互联网+"的技术优势，改善物流发展模式，提升跨境电商物流流通效率。一是政府要加大对跨境电商新兴业态发展的政策支持，及时修订跨境电商物流相关法律法规，加大物流基础设施投资力度，为跨境电商发展营造良好的法治环境。二是优化改革传统物流运营模式，积极构建对外贸易、电子商务物流渠道。一方面，充分利用保税物流优势，设立跨境电商保税仓库，建立仓储中心，集中采购、集中运送，缓解物流压力，进一步降低商品价格。另一方面，加快跨境电商物流园区建设，加强通关监管，加大金融服务政策扶持力度。吸引大型跨境电商及物流企业入驻物流园区，提升物流园区集聚效应，壮大跨境物流企业发展规模，推动物流产业链形成，提升物流流通效率。三是提升物流信息化建设水平，优化升级物流服务；加大基础设施信息化及现代化投资力度，建立多层次物流网络，满足不同配送要求，提升储存、分拣、运输及配送水平，适应跨境物流市场发展环境，进一步提升消费者满意度。

2. 提升出口供应链的监管效率

为了推动跨境电商的持续发展和壮大，我们必须不断完善相关的法律法规体系。首先，我们要充分利用"互联网+"这一技术优势，对传统的通关运作模式进行深度改革，以提高通关的速度和效率。这不仅可以减少企业的运营成本，还可以为消费者提供更加便捷的购物体验。其次，我们需要创新和探索新的通关模式，使跨境电商的通关程序更加规范化、标准化和统一化。这样可以确保交易在一个公平、公正的环境中进行，避免因为各地的通关政策和程序差异产生的不公平现象。此外，为了确保跨国贸易零售企业健康、稳定地发展，我们还需要建立一个完善的认证和监管体系。这个体系应该包括对企业的资质认证、产品质量的监管以及交易行为的监控等多个方面。为了实现上述目标，我们将采取一系列的措施。首先，开发跨境通关电子管理系统，利用现代信息技术提高通关的效率和准确性。其次，实现跨境电商交易、仓储、物流和通关监管执法的全面自动化。这样不仅可以提高工作效率，还可以为企业和消费者提供更加便捷、高效的服务。

此外，通过引入先进的技术和设备，我们将实现"电子报关，无纸化通关"的全覆盖。这样不仅可以节省报关时间，提高通关效率，还可以为企业和消费者带来更加便捷、高效的服务体验。

3. 健全出口供应链信用体系

积极运用大数据和云计算技术，完善跨境企业信用体系是当前推动跨境电商发展的重要举措。为了实现这一目标，我们可以从以下几个方面进行努力：首先，建立统一信用系统是关键。通过引入第三方征信机构，可以收集商家和消费者之间的交易信息，并建立一个全面的信用数据库。这个数据库将为买卖双方提供可靠的信用评估依据，保障各自的权益。同时，还可以加强对商家的信用评级，将信用不良的商家列入黑名单，以减少不良商家对市场秩序的干扰。其次，加快构建跨境电商质量认证体系也是至关重要的。通过对入驻商家进行全方位的评估和评级，我们可以确保其具备良好的经营能力和产品质量。这将有助于提高消费者对跨境电商的信任度，促进消费者的购买意愿。同时，加强对商家的监管，确保他们遵守相关法律法规，合法经营，进一步保护消费者合法权益。

四、跨境电商进口供应链管理

（一）跨境电商进口供应链管理的案例

1. 网易考拉

自 2015 年上线以来，网易考拉以其卓越的品质和用户口碑，在跨境电商领域崭露头角。作为网易旗下的自营进口电商平台，网易考拉不仅销售品类丰富，还覆盖母婴、美妆、家居等多个领域，更凭借其独特的经营模式和战略布局，在短短几年内取得了令人瞩目的成绩。在竞争激烈的跨境电商市场中，网易考拉展现了强大的市场竞争力。根据数据，2016 年至 2017 年间，网易考拉在主流跨境电商进口平台中整体交易额位列第一，占据了高达 21.4% 的市场份额。这一成就的背后，离不开网易考拉对消费者需求的精准把握和对产品质量的严格把控。为了进一步拓展业务领域，2017 年 9 月，网易考拉推出了全新的项目——网易考拉·全球工厂店。该项目主打 F2C 模式，即制造商直达消费者，旨在通过去除中间环节，为消费者提供高性价比的商品体验。这一模式的引入，不仅提高了商品的性价比，也为消费者带来了更多的选择和便利。为了更好地满足消费者的需求，2018年2月，网易考拉在杭州正式开设了线下体验店。线下体验店的开设，不仅为消费者提供了亲身体验的机会，还进一步提升了网易考拉的知名度，扩大了品牌影响力。

（1）平台直采，确保正品

网易考拉始终坚守品质、服务与创新的理念，致力于为消费者提供优质的购物体验。网易考拉成功的秘诀在于坚持直采模式，确保商品的正品品质。首先，网易考拉与全球各地的知名品牌商直接合作，进行产地直采。采购团队在日韩、欧美、港澳等地设立分公司或办事处，与当地知名品牌商签署直采合作协议，达成战略合作。这些合作关系不仅确保了网易考拉能够获得最新、最优质的商品，还为消费者提供了更多选择和信任。此外，网易考拉还与全球著名商超进行合作，确保商品来源的可靠性。在2018年的首届进博会上，网易考拉与超过110家企业完成累计近200亿元人民币的商品采购协议，直采计划金额高达200亿美元。

为了增加商品的可信度，网易考拉还让消费者参与采购过程。他们通过建立透明的供应链体系，让消费者了解商品的产地、生产流程以及相关认证信息。这种参与感不仅增强了消费者对商品的信任，也促使品牌商更加注重产品质量和安全。例如，为了确保乳胶枕的正品品质，网易考拉不仅与全球知名的品牌商进行合作，还深入泰国的乳胶工厂进行实地考察。央视《数说命运共同体》拍摄团队曾跟随网易考拉采购团队深入泰国乳胶工厂，亲眼见证了乳胶枕从原材料到成品的生产发货全流程。这种透明化的采购过程，让消费者能够更加了解商品的生产源头和制作过程，增强了消费者对网易考拉乳胶枕的信任感和认可度。

除此之外，为了进一步提升商品的溯源能力，网易考拉与海关合作开发了二维码溯源系统。这个系统可以全程追踪商品的生产和流通环节，确保商品的真实性和安全性。消费者只需扫描商品上的二维码，就能获取到商品的详细信息，包括生产日期、生产厂家等。这种溯源系统的引入，为消费者提供了更加可靠的购物保障。

除了以上措施，网易考拉还进行严格的自检和第三方检验，以确保商品的品质。他们建立了一套完善的质量管理体系，对商品进行严格的检验和抽检。同时，他们还与权威的第三方机构合作，进行商品的质量检测和认证。这种双重检验机制，有效地保证了商品的品质和安全性。

（2）增设仓储，提高配送效率

网易考拉在物流仓储方面的战略布局是其成功的关键因素。通过在国内重点布局保税仓，网易考拉有效地降低了物流成本，同时保证了快速发货，为消费者提供了更好的购物体验。在国内，网易考拉海购的保税仓面积超过 30 万平方米，其中恒温仓面积超过 5000 平方米。这种大规模的仓储设施确保了足够的库存空间，可以满足消费者对于快速配送的需求。同时，恒温仓的设置也有利于储存对温度敏感的商品，提高了储存的稳定性和商品的质量。除了国内保税仓的布局，网易考拉还建立了海外仓，覆盖日本、韩国、北美、欧洲和澳大利亚等地。这些海外仓的建立，使得网易考拉能够更加灵活地应对全球市场的需求变化，提高库存周转率，进一步降低物流成本。在物流合作伙伴方面，网易考拉与国际航运物流巨头马士基和国内领先物流服务商万科物流达成战略合作。这种强强联合的模式，使得网易考拉能够充分利用合作伙伴的资源和经验，提高物流效率，优化配送服务。此外，网易考拉还自主开发了包括"祥云""瑞麟"等物流智能云系统。这些系统通过自动化和智能化的管理方式，降低人工成本的投入，提高物流体系的效率和成功率。通过自动化的改进和完善，整个物流流程变得更加流畅和高效。

（3）整合资源，自我引流

在网易集团的战略布局中，网易考拉作为其旗下的电商平台，展现出较大的优势。一方面，依托网易集团雄厚的资本实力，网易考拉得以在供应链和物流链等核心基础设施上作出重大投资，从而确保了高效的运营和优质的客户体验。此外，网易考拉也持续采用低价策略，有力地抗衡了市场上的电商竞争企业。另一方面，网易集团在新闻、音乐、漫画、阅读、教育、金融等领域进行了全面的布局，构建了一个多元化的产品矩阵。这些布局不仅为网易考拉奠定了丰富的潜在客户基础，同时也吸引了大批优质消费者，进一步巩固了网易考拉在电商市场的地位。

2. 天猫国际

天猫国际作为阿里巴巴集团旗下的进口跨境电商平台，自 2014 年 2 月上线以来，取得了显著的发展。平台销售品类繁多，涵盖了母婴保健、美妆鞋服、汽车用品等多个领域，充分满足了消费者的多元化需求。截至 2018 年，天猫国际的商品已经涉及超过全球 77 个国家和地区，覆盖 4000 多种品类，成功引进了 14 500 个品牌。依托于阿里巴巴集团和天猫平台的强大资金流量优势，天猫国际得以持续加大投入，提升平台的服务质量和用户体验。通过不断优化供应链、物流和支付等环节，天猫国际成功被打造成为一个高效、便捷的跨境电商购物平台，为消费者带来更加丰富、优质的购物体验。

（1）平台招商，丰富品类

天猫国际作为一家专注于进口跨境电商的平台，深知优质商户和大流量对于其业务发展的重要性。为了确保平台的稳定和持续发展，它采取了一系列策略来吸引并留住商家和用户。首先，天猫国际积极招募优质的商家入驻。利用阿里巴巴集团强大的资源优势，天猫国际能够为商家提供丰富的货源选择，确保商家在平台上的竞争力。这种合作模式不仅能够帮助商家降低成本，还能够提高商品的质量和服务水平，从而吸引更多的用户。在天猫国际的招商过程中，其标准之严格堪称业界典范。入驻商家不仅需具备境外公司实体资质，还需拥有海外注册商标，展示其海外零售的专业能力。同时，商家的信誉和经营状况在国外市场也需保持良好的口碑。这一系列严谨的要求，旨在确保天猫国际平台的高品质服务和商品，满足消费者的多元化需求。其次，天猫国际充分利用阿里巴巴集团旗下的其他资源，如蚂蚁金服、菜鸟网络等，吸引新用户加入。通过与这些公司的合作，天猫国际能够为用户提供更加便捷和安全的支付方式，以及更加快速和高效的物流服务。这些优势都能够增强用户对天猫国际的信任和忠诚度，从而帮助平台获得庞大的用户群。

（2）"进口保税 + 海外集货 + 进口现货"，降低成本

在跨境物流方面，天猫国际采取了独特的"进口保税 + 海外集货 + 进口现货"模式，旨在降低成本并提高配送效率。天猫国际通过在杭州、上海、郑州等地设立的 19 个保税仓，具备了处理大量订单的能力。这些保税仓的设立不仅降低了

进口成本，还大大提高了物流效率。随着跨境电商零售进口新政的实施，天猫国际计划进一步扩展其保税仓规模。这一战略布局将进一步加强其国际采购能力，满足消费者对多样化商品的需求。此外，天猫国际还与海外当地的连锁店、品牌直营店和免税店等直接合作。消费者可以在这些店铺内直接取货，然后通过国内快递完成配送。这种直接合作模式不仅简化了物流流程，还确保了商品的正品保障和快速配送。总之，通过多元化的物流模式和全球采购网络，天猫国际成功地满足了消费者的多元化需求，并在跨境电商市场中树立了良好的口碑。

（3）依托国际版支付宝，保障支付安全

在跨境电商支付这一关键环节，天猫国际采用了国际版支付宝作为其主要支付方式。相较于其他支付手段，支付宝表现出了显著的优势。首先，其交易费用低，仅按照订单交易额的 5% 以下比率收取手续费。这种低成本对于消费者和商家来说都是非常有吸引力的。其次，支付宝的安全性极高。天猫国际将货款存放于第三方支付平台，只有当消费者确认收货后，相关款项才会转入商家的账户。这种模式依托于阿里巴巴的强大平台，确保了资金的安全性，减少了欺诈和损失的风险。此外，国际版支付宝提供了丰富的支付方式选择。目前，国际版支付宝支持银联、VISA、MASTER 等多种支付方式，并且仍在持续地完善中。这种多样性满足了不同消费者的支付需求，使得购物过程更加便捷。更重要的是，支付宝与多家金融机构建立了紧密的合作关系。当消费者使用信用卡进行支付时，支付宝通过与中国银行的业务合作，将支付的货币按照当天的平均汇率直接转换成商家所使用的外国货币。这一创新举措大大减少了因汇率波动而带来的损失，为商家和消费者都带来了实实在在的利益。

3. 唯品国际

唯品国际作为唯品会旗下的跨境电商频道，是自营型进口跨境电商的杰出代表。其商品种类丰富，覆盖了名品服饰鞋包、美妆、母婴、家居等各大品类，为消费者提供了丰富的选择。唯品国际主要采用线上销售模式，利用其自营的网络平台直接与厂商合作，确保商品的正品品质。这种创新的电商模式融合了名牌折扣、限时抢购和正品保障，为消费者带来了前所未有的购物体验。唯品国际凭借其丰富的商品种类、创新的电商模式以及高效的物流体系，已经成为跨境电商领域的佼佼者。唯品国际与海囤全球和京东的合作展现了其开放和合作的姿态，在2018年，这一合作使得唯品国际的12个海外仓和8个自营仓全面向京东开放，进一步提升了其物流效率和仓储管理能力。这一举措不仅加强了唯品国际与京东之间的合作关系，也为消费者带来了更快速、更便捷的购物体验。

（1）严选供应商，源头控制

唯品国际平台始终坚持从正规渠道采购商品，与国际知名品牌方或代理商等建立了紧密的合作关系。为了确保商品质量，唯品国际对供应商进行了严格的筛选和把关，并签订了战略正品采购协议，从源头上保障了平台商品的正品品质。唯品国际内部各部门在供应商资质考察方面各司其职，共同确保商品的质量和合规性。商务管理部门是唯品国际平台上的重要一环，定期收集销售商品的样板以及平台上的投诉情况。这些信息不仅有助于监督产品的合规性，还能反映商品的质量问题。通过这种定期的收集和分析，商务管理部门能够及时发现潜在的质量问题，并采取相应的措施进行改进。品牌管理部门则负责通过外部信息和线索来分析品牌供应商的绩效和声誉，品牌管理部门不仅关注供应商的业绩表现，还深入了解其在行业中的声誉和口碑。这种全面的评估有助于唯品国际选择优质的供应商进行合作，从而确保平台上商品的品质和来源的可靠性。供应链管理部门在唯品国际中扮演着关键的角色，负责审核供应链的各个环节，并进行现场调研和质量管控。这一部门确保了从供应商到消费者的整个供应链流程的顺畅和高效，通过严格的质量控制和现场调研，确保每一件商品都能达到唯品国际的标准。法务部通过与相关法律机构和政府部门紧密合作，确保唯品国际在运营过程中遵守法律法规，维护消费者权益，同时保持良好的商业信誉。

（2）自建物流，全程溯源

唯品会在华南、华北、西南、华中、华东、东北地区设立六大物流仓储中心，总面积超过290万平方米，唯品会旗下品骏快递全国直营标准化站点3900个，快递员工总人数超过31 000人。这一庞大的配送网络确保了唯品会的商品能够迅速送达消费者手中。此外，唯品会华北物流中心还于2018年6月上线了机器人全自动集货缓存系统，这一先进技术的应用进一步提升了物流效率；在国际物流方面，唯品会全球布局了11个海外办公室和19个大国际货品仓，覆盖德国、英国、法国和澳大利亚等多个国家和地区。已建成并投入使用的海外仓规模为5.9万平方米，这一国际化的布局为唯品会的跨境电商业务提供了强大的支持。除了硬件设施的投入，唯品会还自主研发了物流信息系统，从订单的录入、查询到结算、客服，各个环节都实名登记实时记录，使得物流信息始终在掌控之中。这一系统不仅提升了物流效率，还为消费者提供了更便捷的查询服务。

（3）"极速退货＋第三方承保"，保障售后

唯品会是一家注重客户体验和售后服务的电商平台。它支持7天无理由退换货政策，这一举措为用户提供了极大的便利，降低了购物风险，提升了购物体验。唯品会还自建了覆盖全国的物流网络，包括六大物流仓储中心和庞大的配送网络，确保了商品能够快速、准确地送达消费者手中。此外，唯品会还为用户提供了自营物流上门取货退货的服务，这进一步简化了退货流程，让用户享受到更加便捷的售后服务。为了进一步保障消费者的售后权益，唯品会与中国人民财产保险股份有限公司达成战略合作，推出了"正品保险"。这一举措是国内首创的电商企业为商品购买保险，旨在向客户承诺100%假货必赔。这一承诺无疑增强了消费者对唯品会商品的信任度，也提升了消费者的购物信心。

（二）跨境电商进口供应链管理优化策略

1. 加强供应商管理

一旦遭遇危机，供应链极易受到影响甚至造成不可弥补的损失，而供应商无法及时提供产品是造成供应链断裂的主要原因。所以，如何提高供应链的抗风险能力尤为重要，而加强对供应商的管理同样至关重要。为了改善供应商管理，可以采取以下两个步骤：首先，优化评价机制，以便选择合适的供应商；其次，改善供应商管理机制，提高管理效率。

（1）优化供应商评价机制

供应商绩效评估是一个复杂的过程，需要从定性和定量两个方面进行。在定性方面，我们需要考虑供应商的信誉、稳定性、交货能力等因素。在定量方面，我们需要考虑供应商的价格、质量、交货期等因素。这些因素与企业关键指标具有层次性，因此我们需要按照同一层次相互累加比较再评分。针对跨境电商进口

企业，本书总结了四个一级指标：成本、服务、交货和质量。这四个一级指标是评估供应商绩效的重要依据。为了更详细地评估供应商绩效，我们将这四个一级指标细分为 13 个二级指标，并给出了详细的定义。如表 2-1-1 所示，针对每一个指标，都有具体的评分条件，由专门的职能部门或人员来评分。

表 2-1-1 供应商绩效评估指标体系

一级指标	二级指标	详细解释	得分
成本	报价竞争力	供应商的供货价格与市场价格对比	
	成本控制	供应商的价格波动与市场价格波动对比	
	降本积极性	供应商降低产品成本的积极性	
	付款条件	是否同时具备线上线下安全支付保障	
服务	对开发新产品的兴趣	对于爆款产品潜力的挖掘	
	客户需求响应速度	对于客户反映问题的响应及解决速度	
	信息化程度	供应商能否提供相关的信息技术支持	
交货	准时交货	时间上评估供应商的交货能力	
	订货满足	数量上评估供应商的交货能力	
	延时日期	实际交货日期与约定交货日期的对比	
	甩箱率	实际订单采购数与发货当天交付数对比	
质量	质量管控体系	是否通过 ISO 认证或计划多长时间通过	
	生产过程质量控制	是否有专门合格的质检团队	

在评估供应商的商品质量时，实际得分的高低是衡量其可靠性的关键因素。然而，不同行业和公司的需求和标准各异，权重也应相应调整。企业在制定决策时，需充分考虑多个目标，避免盲目行动。在追求价格优势的同时，不能忽视质量要求。因此，供应商的实际得分作为衡量商品质量的重要指标，在不同行业和公司的实际应用中需根据具体情况调整权重，企业需在决策时综合考虑多方面因素，以确保采购的商品既符合价格要求又具备高质量。

（2）合理管理供应商关系

为了优化供应链管理，企业应该采取一系列措施来提升供应商评价机制，并选择长期合作伙伴。首先，将供应商分为战略、核心和一般性供应商。战略供应商是那些与企业战略目标紧密相关的供应商，提供的关键资源对企业的竞争力至关重要。因此，与战略供应商建立战略联盟关系是非常必要的。通过与战略供应商紧密合作，企业可以共同制定发展战略，共享资源和信息，提高供应链的稳定性和效率。其次，核心供应商是那些为企业提供重要但非关键资源的供应商。与核心供应商发展成供应群体是另一个重要的策略。通过与核心供应商建立紧密的合作关系，企业可以实现资源共享、风险分担和成本节约。例如，企业可以与核心供应商共同开展研发活动，推动产品创新和技术进步。此外，企业还可以与核心供应商共同制订采购计划，确保供应链的顺畅运作。最后，对于一般性供应商，企业应实施竞争关系管理。这意味着企业应该保持对一般性供应商的竞争压力，以促使他们提供更好的产品和服务。企业可以通过定期评估一般性供应商的绩效，并与其进行谈判和协商来实现这一目标。此外，企业还可以与其他竞争对手分享关于一般性供应商的信息，以增加市场竞争的程度。通过这些措施，企业可以更好地维护供应链的稳定性和效率。优化供应商评价机制和选择长期合作伙伴有助于降低供应链风险，提高供应链的灵活性和响应能力。

2. 严格把控货源

为了避免商品同质化问题，企业应该从货源入手，采取一系列策略来吸引品牌入驻和引入长尾产品。首先，企业可以派遣采买团队亲自洽谈合作机会，例如，天猫国际采购团队，与国内外知名品牌建立合作关系。通过与品牌直接对话，企业可以更好地了解其需求和期望，从而提供更具竞争力的采购方案。其次，中小型跨境电商平台可以通过免费推广来吸引流量，促成合作。在当前竞争激烈的市场环境下，免费推广是一种有效的营销手段。平台可以通过提供免费的广告位、优惠券等方式，吸引品牌商家入驻并展示其产品。同时，平台还可以通过举办线上线下活动、推出独家优惠等方式，增加用户黏性和购买意愿，进一步促进合作。此外，深耕长尾产品也是解决商品同质化问题的关键。长尾产品指的是市场需求较小但利润较高的产品。虽然这些产品可能无法与主流产品相媲美，但多个小市场汇集起来却能产生与主流产品匹敌的能量。因此，企业应该注重挖掘长尾产品的潜力，通过深入了解目标消费者的需求和偏好，开发出符合其需求的个性化产品。同时，企业还可以通过与供应商建立长期稳定的合作关系，确保长尾产品的稳定供应和质量可控。例如，企业可以通过社交媒体平台如微博、微信等，与国外的小众品牌进行合作，引入其特色产品。通过社交媒体平台的推广和营销，这些小众产品能够获得更多的曝光和关注，从而被更多的消费者所了解和购买。

自营类卖家在提升自身优势方面有多种途径。他们可以通过原产地直采和与品牌合作来实现这一目标。原产地直采是指企业在海外主要进口国设立海外办事处，并派遣专业采购团队深入国外商品原产地进行采购。通过这种方式，企业可以直接接触到商品的生产地，了解当地的品牌、资源、文化、科技以及社交平台积累的大数据。这些信息可以作为选品的重要标准，帮助企业更好地把握市场需求和趋势，从而提供更具竞争力的商品。比如唯品国际的买手团队，通过对全球数十个国家和地区的市场进行深入了解和凭借敏锐的时尚洞察力，能够挑选出最受欢迎和有竞争力的商品。再结合"产地直采自营正品免税包邮"的策略，实现了规模采购和价格优势。唯品国际还借助大数据分析，对消费者需求和购买行为进行精准预测，从而优化选品和库存管理。这些策略不仅确保了唯品国际所采购的商品具有高品质和竞争力，而且为多品类和优品类商品的发展奠定了基础。通过与供应商的紧密合作，唯品国际实现了持续的发展和成功。除此之外，企业还可以选择与当地品牌进行合作，通过品牌直接授权实现品类的独特化。例如，网易考拉已经获得了数百个一线品牌的直接授权，并与数百个全球供应商达成了深度合作。与大品牌进行合作不仅可以帮助卖家避免同质化问题，还可以确保稳定的货源。通过与大品牌的合作，企业可以获得独家销售权或定制产品，从而在市场上树立独特的形象和竞争优势。此外，与大品牌合作还可以借助品牌的知名度和信誉，提高消费者对产品的信任度和购买意愿。这种合作模式可以实现双方的优势互补和共赢，推动企业的发展和成长。

3.制定专门性消费者权益保护法规

针对消费者投诉的售后服务问题，主要原因在于卖家质量不一和国内外质量标准差异。为了解决这一问题，我们可以采取以下策略：

第一，加强电商资质审核。电商平台应加强对卖家的资质审核，确保其具备合法经营资格和良好的信誉。只有通过审核的卖家才能在平台上销售商品，从而减少不合格产品的存在。第二，对卖家进行评级并实施惩罚。电商平台可以建立卖家评级制度，根据卖家的服务质量、产品质量和客户评价等因素进行评级。对于评级较低的卖家，平台可以采取相应的惩罚措施，如限制其在平台上的销售权限或取消其销售资格。第三，海关和物流公司需监控进口产品质量。海关和物流公司应加强对进口产品的监控，确保其符合国内质量标准。对于不合格产品，应及时采取措施，如退运或销毁，以保护消费者的权益。第四，将不合格产品和卖家纳入黑名单。电商平台可以建立黑名单制度，将不合格产品和卖家列入黑名单，并向消费者公示。这样一来，消费者在选择购买时可以更加谨慎，避免购买到不合格产品。唯品国际推出的《货品保证单》有效强化了消费者体验和企业声誉。这一举措为消费者提供了更多的保障，使他们在购物过程中更加放心。同时，这也促使企业更加注重产品质量和售后服务，提升自身的竞争力。

4.加强国际交流合作

跨境网购消费者维权机制建设是一项复杂而重要的任务，涉及多个方面的协同和配合。首先，为了确保消费者权益得到保障，需要与主要跨境进口国缔结双边条约。这些条约将统一产品质量标准和惩罚措施，以确保消费者在购买跨境商品时能够获得高质量的产品，并对那些不能达标的商家能够采取相应的惩罚措施。其次，进口电商企业与境外采购供应方之间建立共同认可的售后制度也是至关重要的。这意味着电商平台和供应商将共同努力，确保消费者在购买商品后能够得到及时、有效的售后服务。在销售前，电商平台应当提醒消费者关于售后制度的相关信息，让消费者明确了解所购买商品的售后保障情况。最后，司法机构与国际执法部门之间的合作也是保障消费者权益的重要环节。通过加强合作，打击非法销售禁卖品现象，可以有效减少消费者在跨境网购中遭遇的风险。司法机构应当加大对非法销售行为的打击力度，同时与国际执法部门密切合作，共同打击跨国犯罪活动，保护消费者的权益。

第二节　跨境电商的物流管理

一、跨境电商物流概述

（一）跨境电商与物流的关系

伴随人工智能、大数据等技术的发展与跨界融合以及国际流通领域业务的延展，物流已经成为影响跨境电商发展最重要的因素。跨境电商与物流是相互依存、相互促进的关系，这一关系主要体现在以下几个方面：

1.物流是跨境电商的重要环节

对于跨境电商企业而言，产品是王道，物流是链条。跨境电商交易是一个复杂的过程，涵盖了多个环节，包括交易磋商谈判、合同签定、国际物流、国际支付结算等。与传统国际贸易相比，跨境电商的交易磋商、合同签定和国际支付可以通过互联网和电子商务平台完成，而商品的实体流转则必须依赖国际物流。因此，物流的效率、可到达性和成本对跨境电商的终端消费体验产生直接影响。在这个背景下，物流成为跨境电商活动中不可或缺的重要环节，也是确保跨境电商顺利运作的关键保障。为了提高物流效率，许多跨境电商企业都在不断探索新的技术和方法。例如，一些企业正在利用大数据和人工智能来优化物流路线和提高运输效率。此外，一些企业还在尝试使用无人机和机器人来完成物流配送任务。

2.跨境电商的发展为物流发展提供了机遇

跨境电商的发展为传统模式运行的物流行业开辟了新的发展道路，可实现物流的线上、线下衔接，并且实现物流国际化发展。2022 年，中国跨境电商，进入了调整转型期。同时，全国各地也高度重视跨境电商发展。近年来，跨境电商已成为支持"外循环"的重要引擎，跨境电商的发展使整个产业链条发生变化，以跨境电商为代表的贸易数字化转型将给贸易及产业带来深远的影响。《2022 年度中国跨境电商市场数据报告》显示，"2022 年中国跨境电商交易额占我国货物贸易进出口总值 42.07 万亿元的 37.32%。此外，2018—2021 年跨境电商行业渗透率分别为 29.5%、33.29%、38.86%、36.32%"①。跨境电商的快速发展直接驱动跨境电商物流市场持续增长。

3. 物流是跨境电商发展的关键因素

在跨境电商中，非虚拟性的跨境物流是企业与消费者合约践行的基础，同时也是影响消费者消费体验的关键因素。跨境电商的物流过程不同于传统商务活动，需要考虑到物流效率、成本、可达性、服务等多个方面的因素。跨境电商的信息流、商流、货币流虽然都可以在虚拟环境下通过互联网实现，但物流配送却需要实体操作。因此，跨境电商企业需要选择可靠的物流合作伙伴，建立高效的物流体系，提供优质的物流服务，以满足消费者的需求和期望。实现信息共享和协同作业，确保商品能够准确、及时地送达消费者手中。建立物流体系需考虑以下四个方面：一是物流成本。在跨境电商企业的成本中，采购成本、人工成本、物流成本在其总成本中占据了很大的比重，其中物流成本所占比重为 20%～30%。如果没有多元化的跨境物流体系为跨境电商服务，那么这些物流成本所占比重将会更大。跨境电商终端客户确实对价格较为敏感，而物流成本作为跨境电商运营中的重要组成部分，对于企业的发展具有重要影响。由于跨境电商涉及跨国交易，物流成本通常较高，这在一定程度上制约了跨境电商的发展。二是物流可达性，包括物流是否能够送达，和送达时间长短的问题，这些是影响跨境电商发展的关键因素，它们直接关系到终端客户的购物体验和满意度。三是物流效率。较长的物流周期和交付时间可能会降低对终端客户的吸引力，同时涉及国际收付时货币兑换的汇率变动问题，从而影响交易。因此，企业需要优化物流流程，提高运输速度，减少货物在途时间，确保快速、可靠的交付。四是物流服务的质量。企业需要提供优质的物流服务，确保商品安全、准确送达，并提供可查询的物流信息，让客户随时了解货物的运输情况。因此，低成本、高效率、服务完善的物流支撑体系是跨境电商发展的迫切需求。只有建立这样的物流体系，才能更好地满足消费者需求和期望，提升消费者满意度和忠诚度，促进跨境电商的可持续发展。

---

① 网经社.2022 年度中国跨境电商市场数据报告 [EB/OL].（2023-04-10）[2023-10-05].https://www.163.com/dy/article/I1V84CU00552AAV5.html.

（二）跨境电商物流的概念与特征

电子商务是商业模式的变革，而商业模式变革的本质是流通。互联网的普及、电子商务的不断成熟使交易双方的信息越来越对称，买方可以明确地知道自己需要的产品在哪里。

1.跨境电商物流的概念

跨境电商物流是指电子商务平台销售的物品从供应地到不同国家或地区的接收地的实体流动过程。根据跨境商品的位置移动轨迹，跨境电商物流可以分为三段：发出国国内段物流、国际段物流以及目的国国内段物流。跨境电商商品的种类繁多，采用小批量、多频次的运输方式，体积质量差别很大，不同品类所需运输和仓储解决方案各异，因此，跨境电商物流要实现一站式、门到门的服务，各段物流的有效衔接显得尤为重要。

跨境电商物流的管理依照国际惯例，了解国际贸易的规则和流程，确保货物能够顺利通关，通过全球化的物流网络和设施，确保货物能够快速、准确地送达目的地。此外，物流企业还需要具备先进的技术和设备，以提高物流效率、降低成本。其核心要素包括包装、运输、仓储、装卸、通关和信息交换等，它们贯穿整个跨境物流活动。

2.跨境电商物流的特征

在跨境电商最初发展时期，电子商务商家主体已经能够开始自主整合传统物流的服务资源。在传统物流的基础上，出现了属于跨境电商物流的一些新特征。

（1）服务功能多样化与目标的系统化

单一物流服务功能与单一物流环节的最优化已不能满足现代物流需求，因此，在进行物流作业时，除需要考虑运输、仓储等环节的协调外，还要考虑物流与供应链中的其他环节相互配合，不仅要实现单个物流环节最优化，而且要追求物流环节的整体最优化，从而保证物流需求方整体经营目标的最优化。

（2）物流作业标准化与服务的个性化

一方面，物流标准化作业流程可以使复杂的作业变得简单化，有利于跨地区协同与沟通，也有利于操作过程监控与对操作结果的评价。另一方面，受经营产品、经营方式及自身能力的影响，物流需求方除获得传统的物流服务外，还希望针对自身经营产品的特点与要求获得量身定制的个性化服务与增值服务，比如，市场调查与预测、采购及订单处理、物流咨询、物流方案的选择与规划、库存控制策略建议以及货款回收与结算等方面的服务，从而提高物流服务对决策的整体支持作用。

（3）物流速度和反应快速化

随着市场范围空间的延伸与产品生命周期的缩短，为了达到扩大市场份额和降低成本的双重目的，跨境电商不仅需要建立完善的全球产供销经营体系，还需要跨境物流链上下游对物流配送需求的反应迅速，缩短物流前置时间和配送时间间隔，加快商品周转和物流配送时效。

（4）物流技术先进化

跨境物流作业的各个环节目前广泛应用先进的物流技术，不仅提高了每个作业环节的效率，而且确保了整个经营目标的实现。例如，根据电子商务服务平台指令，物流供应商按照运输计划，组织提货、仓储、包装、报关、国际运输、国外配送等。在整个物流链中，参与各方有效利用了电子数据交换系统（Electronic Data Interchange，EDI），实现了信息的即时交换和资源共享，使参与各方能够及时了解货物的流向与下一步操作，避免由于信息滞后造成操作环节的延误，从而确保整个物流链的顺畅。在跨境电商交易中，物流公司起到了一个桥梁的作用，它利用其丰富的物流管理技术和运作经验，促使交易顺利完成。

（5）物流信息电子化

跨境电商物流强调订单处理、信息处理的系统化和电子化，用企业资源计划（Enterprise Resource Planning，ERP）信息系统功能完成标准化的物流订单处理和物流仓储管理。通过ERP信息系统对物流渠道的成本、时效、安全性进行关键业绩指标（Key Performance Indication，KPI）的有效考核，以及对物流仓储管理过程中的库存、产品到货、物流配送等进行有效的风险控制。

（6）服务网络全球化

由于跨境交易范围涉及世界各个国家和地区，因此物流服务网络覆盖范围越广，越有利于商家根据市场变化储存、调配商品，从而更好地满足商家的物流需求。另外，先进的物流网络不仅能够确保物流网点间物流活动的一致性，使整个物流网络的库存总水平、库存分布、运输与配送达到最优化，以适应经营的需求，而且可以通过物流信息系统加强供应与销售环节在组织物流过程中的协调和配合，以加强对物流的控制。

（三）我国跨境电商物流的主要模式

我国经济的飞速增长和电子信息技术的持续进步，为跨境电子商务在中国的发展提供了强大的推动力。随着大型电商企业如京东、阿里巴巴等逐渐融入国际市场，中国跨境电商市场已经初具规模，这标志着中国跨境电商市场的正式形成。电子商务的快速发展，不仅改变了传统的购物模式，也极大地方便了消费者。越来越多的中国消费者开始通过跨境电子商务平台购买商品，这一现象的出现，既是中国消费者消费观念的转变，也是跨境电子商务发展的重要标志。跨境电子商务的物流模式主要包括邮政、商业快递、专线物流、海外仓储和国内快递。

商业快递服务如 UPS、DHL、FedEx 和 TNT 等，通常具有相对较快的速度和良好的服务品质，丢包率也相对较低。

"专用物流是由航空公司将货物运输到国外，合作公司将物品运送到目的地。"[①] 跨境专线物流在运输货物方面具有速度较快、规模较大、价格适中等优势。因此，在选择跨境专线物流时，需要考虑货物的目的地是否在其覆盖范围内，以及是否能够满足特定的物流需求。

海外仓库提供了一站式的货物存储、分拣、包装和交付服务。供应商将货物存放在当地的海外仓库，一旦客户下订单，供应商可以迅速从仓库中调取货物，进行分拣、包装和派送，从而节省了时间并降低了成本。这种模式为供应商提供了方便快捷的服务，使其能够更好地满足客户需求并提高运营效率。

国内涉及跨国业务的快递服务的公司中 EMS 和顺丰这两家快递公司具备快速、费用低廉以及较强的出关能力。

随着我国经济的持续发展和居民生活水平的不断提高，可支配收入的增长和

---

① 马翠平. 新时代下跨境电商的物流困惑及对策分析 [J]. 山东工业技术，2019（2）：245，234.

消费升级已经成为中国社会的一大趋势。在这样的背景下，人民币升值的预期也日益增强，这无疑为跨境电商交易带来了巨大的发展机遇。预计未来跨境电商交易将实现超预期的增长，成为推动全球贸易发展的重要力量。目前，大部分出口跨境电商包裹主要通过邮政系统进行投递，占比能达到 70%。剩下的通过国际物流巨头或者海外仓储模式配送。为了解决这些问题，国内专业化的跨境物流公司应运而生。这些公司专注于 B2C 领域的物流服务，并且优势巨大，前景广阔。相较于邮政系统和国际物流企业，跨境物流公司在时效、稳定性和经济性方面具有明显优势，这对于降低跨境电商企业的运营成本、提高市场竞争力具有重要意义。

（四）跨境电商物流发展趋势

随着我国跨境电子商务的不断发展，跨境电商物流呈现以下发展趋势：

1.跨境物流和跨境电子商务协同发展

为了推动跨境电子商务的快速发展，需要采取一系列措施来加强跨境物流和电子商务的协同发展，具体措施如下：

第一，实现资源共享，通过整合各方资源，优化货物的储存、包装、运输等环节，从而减少成本浪费。这可以通过建立跨境物流平台来实现，该平台可以连接各类物流公司、仓储设施和运输工具，实现资源的高效利用和共享。

第二，加大对移动技术和网络信息技术的投入。随着移动互联网的普及和技术的不断进步，移动技术已经成为推动电子商务发展的重要力量。我们可以开发跨境电子商务应用程序，提供便捷的购物体验和快速的物流配送服务。同时，我们还可以利用网络信息技术来提高物流信息的透明度和准确性，通过实时追踪货物的位置和状态，提高物流效率和客户满意度。

第三，跨境物流应以配合电子商务发展为目标，整合相关配套服务。这意味着电商企业需要与境外物流公司建立合作关系，共同推动我国跨境电子商务的发展。通过与境外物流公司的合作，可以共享它们的物流网络和资源，提高货物的国际运输效率和可靠性。同时，与境外物流公司共同开展市场推广活动，可以提升我国跨境电子商务在境外的知名度和竞争力。

2. 跨境物流网络之间的协同发展

随着我国社会经济的持续繁荣和快速发展，跨境电子贸易已经成为国家经济发展的重要组成部分。为了进一步推动这一领域的发展，相关部门已经将促进跨境物流网络之间的协同发展作为一个重要的目标。为了实现这一目标，首先，相关部门需要对跨境物流的各个环节进行深入的研究和整合，这包括跨境物流单号的管理，货物的收货、储存等环节。通过对这些环节的整合，可以有效地提高物流效率，降低物流成本，从而为跨境电子贸易的发展创造更好的条件。其次，对于跨境物流中的货物，相关部门需要进行有效的编码和整理工作。这不仅可以帮助物流公司更好地管理和跟踪货物，还可以为消费者提供更加透明和便捷的服务。通过这种方式，可以进一步提高消费者的购物体验，增强消费者的信心。此外，完善货物退货流程也是跨境电子贸易发展中不可忽视的一环。鉴于跨境货物在运输过程中易受不同国家物流因素的影响，且涉及国家众多，相关部门需加强与各国物流企业的协作。针对各类货物，制定针对性的退货流程，以保障消费者的合法权益不受损害。通过加强国际合作与规范化操作，可有效提升跨境物流的效率，并确保消费者获得满意的购物体验。

3. 多种物流模式之间协调发展，实现聚合效应

跨境物流是一个涵盖国内和国际物流的广泛领域，其目标在于提高运输质量，确保货物能够安全、准时地从一个国家运送到另一个国家。为了实现这一目标，我们需要加强各种物流模式之间的协调，以实现聚合效应。

首先，我们需要认识到国际物流面向全球，涉及的国家较多，各国的发展状况差异大。这就要求在设计和实施物流模式时，充分考虑到这些差异，以便更好地满足不同国家和地区的需求。其次，我们需要通过加强各模式间的协调，共享资源，来提高物流效率。这可能包括优化物流流程，减少不必要的环节，提高物流速度；也可能包括通过技术手段，如物联网、大数据等，实现物流信息的实时共享，提高物流的透明度和可预测性。

4. 物流外包模式的不断发展

物流外包模式即第四方物流模式，指的是企业将物流活动的一部分或全部交给专业的物流公司进行管理，这样可以有效低企业的运营成本，提高物流效率。

通过物流外包，企业可以将更多的精力集中在自己的核心业务上，从而提高整体竞争力。

5. 与本土物流公司之间的合作

跨境电子商务的快速发展已经深刻地改变了人们的消费习惯。跨境电子商务的发展，使得消费者可以足不出户就能购买到全球各地的商品，极大地丰富了消费者的选择范围，提高了购物的便利性。因此，为适应这一变化，相关单位需加强与本土物流公司的合作，优化物流运输路线以缩短配送时间，提高配送速度。此外，跨境电子商务的发展还涉及各国海关政策的问题。不同的国家有不同的海关规定，这对于跨境电商企业来说，无疑增加了运营的难度。因此，相关单位需要密切关注各国海关政策的变化，确保在遵守规定的同时，也能提供优质的服务。而在海外仓建设过程中，也会遇到一些问题，如货物积压等。为了解决这些问题，相关单位需要与供应商进行协商，寻找最佳的解决方案。

二、跨境电商物流海外仓运作管理

作为跨境电商发展的核心支撑，物流配套设施在欧美及新兴市场国家中扮演着至关重要的角色。中国企业在海外仓建设方面展现出显著的优势，成为这一领域的领军力量。与传统的跨境直发类小包专线物流模式相比，海外仓发货模式的企业需在境外进行实名登记注册，因此税务合规和本土化运作的需求十分重要。

（一）仓库的布置方法

1. 仓库平面布置

在进行仓库平面布局时，我们需要遵循四个基本原则，以确保仓库的高效运作和安全性。

（1）便于储存保管

布局应考虑到物品的分类和储存方式，以便更好地管理和保护货物。合理的储存布局可以确保货物的安全，并减少货物的损失和损坏。此外，还应考虑货物的流动性，以便及时取用和补充库存。

（2）利于作业优化

布局应考虑到仓库的工作流程和操作效率。通过合理规划货物的存放位置和路径，可以减少作业时间和劳动力成本。同时，布局还应考虑到不同作业环节之间的协调和配合，以提高整体作业效率。

（3）保证仓库安全

布局应严格执行《建筑设计防火规范》的规定，确保仓库内部有足够的防火间距和消防设施。同时，还应考虑到防盗安全措施，如安装监控摄像头和安全门禁系统，以保护货物免受盗窃和损坏。此外，仓库的作业环境必须符合国家相关的安全卫生标准，以使工作人员的身体健康得到保障。

（4）节省建设投资

布局应充分利用现有资源和外部协作条件，以最大限度地发挥设施设备的效能。例如，可以利用现有的建筑物和设备，减少新建和购买的成本。此外，还应考虑到未来的扩展需求，以便在需要时进行灵活调整和改造。而仓库的延伸性设施，如供电、供水、排水、供暖、通信等，通过集中布置，可以优化设施的运营效率，确保资源的合理利用，并为企业节省大量的经济成本。这一策略对于仓库的可持续性和长期运营至关重要。

2. 仓库空间布置

在现代仓库管理中，立体规划占据着至关重要的地位。立体规划主要涉及仓库在立体空间上的布置，特别是对建筑高度的合理规划。在建设仓库时，我们需要根据当地的地形条件进行适当的改造，以确保地形能够满足库区内部各建筑物、库房和货场之间的装卸运输需求。此外，我们还需合理组织场地排水系统，以防止积水对仓库运营造成不利影响。

（1）库房、货场、站台标高布局

库房地秤标高与库区路面标高之间的关系主要受到仓储作业机械化程度和叉车作业情况的影响。为了提高叉车的作业效率，建议在设计仓库时，使地秤的标高尽可能与库区路面的标高保持一致，或者允许两者之间存在不超过4%的纵向坡度。这样的设计可以确保叉车在搬运货物时能够更加顺畅地进行操作，减少因为地面不平而导致的搬运困难和事故的发生。

货场通常沿铁路路线布置，其标高可以根据具体情况适当高于或低于铁路线。这样可以方便货物的装卸和运输，同时也能够适应不同的地形条件。在设计货场时，需要考虑到货物的种类和重量以及运输工具的特点，合理确定货场的高度和宽度。装卸站台的高度和宽度也需要根据物资搬运方式和运输工具的不同进行调整。例如，对于大型货物，可能需要设置较高的装卸站台，以便叉车或其他搬运设备能够顺利地进行操作。而对于小型货物，可以选择较低的装卸站台，以便于人工搬运。此外，装卸站台的宽度也需要根据货物的大小和搬运设备的尺寸进行合理的规划，以确保货物能够安全、高效地进行装卸和运输。用汽车运输时，根据汽车的一般类型，站台应高出道路路面 0.9～1.2 米。用火车运输时，站台的高度应与车厢底板相平。

（2）合理利用地坪建筑承载能力

仓库地坪的承载能力是由地面、垫层和地基结构共同决定的，因此，会因不同的地面类型而有所差异。例如，在坚硬的地面上，可以采用 300 毫米厚的片石和 200 毫米厚的混凝土作为垫层，这样的设计能够提供较高的承载能力，通常可达到每平方米 5～7 吨的水平。为了充分利用仓库的空间并加快库存商品的周转速度，建议采取多种货架存货的方式，并配备相应的装卸机械设备。通过合理规划和布置货架，可以有效地提高仓库的存储密度，使得更多的商品能够存放在同一空间内。同时，使用装卸机械设备可以提高货物的搬运效率，减少人工操作的时间和劳动强度。

（二）仓库作业功能区域布局

仓储中心功能分区包括进货区、储存区、中转区、分拣区（可选）、流通加工区（可选）、仓库管理区、出货区等。

根据当地的条件和物流需求，仓库作业功能分区布置必须对仓库各个作业区域以及区域之间的相互关系进行规划，其步骤如下：

一是确定各个区域的关系。流程上的关系即建立物料流和信息流之间的关系，组织上的关系即建立在各部门组织之间的关系，功能上的关系即区域之间因功能需要而形成的关系。

二是确定仓库货物的流动形式。直线形流动适合于出入口在厂房两侧、作业流程简单、规模较小的物流作业，无论订单大小和拣货多少，都要经过厂房；U形流动适合于出入口在同侧的仓库；T形流动适合于出入口在厂房两侧的仓库。

（三）作业区空间位置布局

首先，我们需要明确仓储设施的对外连接形式，以确保物流的顺畅。其次，为了满足仓储需求，就需要确定仓储中心厂房的空间范围、大小和长宽比例。而明确物流流动的主要形式是实现高效仓储的关键。再次，按照物流作业流程，合理安排各区域的位置，以确保整个流程的高效运作。最后，需要权衡行政区与物流仓储区的关系，确保两者之间的协调和相互支持。通过这些步骤，就可以构建一个高效、有序的仓储设施。

1. 仓库供给与排水布局

在仓库的供给与排水系统中，主要考虑的是生活用水和消防用水。库区的排水设计包含两大核心要素：第一，防范洪水的冲击，确保库房不受外部洪水的影响；第二，解决库区场地的排水问题，即有效地排出生活污水和雨水。

关于供给、排水管道在地下铺设的埋入深度，其决定因素在于库区所在地的特定气象条件。通常，在北方地区，为了防止冬季的冰冻，管道会被深埋；而在南方地区虽然管道埋深较浅，但需特别加固以防压坏。这样的设计既科学又实用，充分体现了因地制宜的原则。

2. 搬运与库区布局

仓库布局需结合所选择的材料搬运设备，因为产品流程的通道将主要取决于材料搬运系统。

（四）海外仓成本结构管理

1. 海外仓成本结构

（1）头程运输成本

头程运输成本是指把货物运送到海外仓库所产生的运费，一般包括内陆运输费、国际空运、海运费用。头程运输成本的影响因素有运输量、运输频率、体积、单位运输费率、运输方式等。运输量及运输频率由跨境电商企业的销售量所决定，运输费率由跨境电商企业和跨境电商物流企业协商确定。

（2）综合关税成本

综合关税成本是指货物出口到某国，需按照该国的贸易政策而征收的费用，这部分成本较高，包括关税和清关费用，综合关税成本与进口国的关税政策、商品特征等因素有关，各国关税结构较为复杂，随着关税构成和商品类属的不同，各国的税目和所征收的税率也不同，如美洲国家只有进口关税，欧洲国家分为进口关税和增值税，澳大利亚为进口关税、增值税和附加税。以美国为例：关税起征点为 200 美金，综合关税 = 关税 + 清关杂税，关税 = 货值 × 税率。

此外，清关费用也会受到出口报关过程的影响。在通关过程中，如果货物不符合海关规定，可能会导致申报延期，这不仅增加了一系列额外费用，而且使得交货时间变长，从而使得消费者无法按时收到货物。

（3）仓储服务成本

仓储服务成本是指商品储存在仓库而产生的费用。淡季和旺季的仓储服务成本有所不同，一般下半年的海外仓储成本较高。仓储服务成本的影响因素有仓储重量、体积、仓储时间、产品特性以及仓储费率。其中，仓储费率由货物的性质、市场状况等客观条件决定，仓储数量和发货时间由跨境电商企业的日常运作时间决定。

（4）订单处理成本

订单处理成本是指买家对其产品下单后，由跨境电商物流企业海外仓内的作业人员对其进行拣货、搬运、打包而产生的费用。订单处理成本主要影响因素有订单处理时间、订单量和单位时间成本。

（5）当地配送成本

当地配送成本是指买家向跨境电商企业下单后，由第三方海外仓储物流企业或其合作企业配送至买家所产生的费用。这部分费用支出与配送量、单位配送成本有关。单位配送成本取决于货物的重量、价值、体积、特殊性、配送距离等因素。例如，易碎品对运输、仓储等物流环节要求较高，运费也会较高。

2.跨境电商企业海外仓储成本合理化方案

（1）进行运输优化设计，降低头程运输成本

一是灵活运用多种运输方式。跨境电商有快递、空运、海运拼箱、整箱、陆运五种运输方式。其中空运运费最高，陆运其次，海运费用最低。海运分为整箱和拼箱两种，货量达不到整箱的情况下，拼箱是最好的选择，货运量越多平摊的费用越低。

二是合理选择远洋运输路线。以中国到欧洲航线为例，运达基本港和非基本港的运价差别较大，一般在100～200美元。因此，选择合适的海运企业，提供到基本港的海运服务有助于降低海运成本。交货期不紧张的话，可采用全程海运的方式。但是，海外仓模式下尽量不要采取散货方式，应以整箱或与其他跨境电商企业拼箱运输较为经济。

三是精心进行运输包装设计。装运前对货物包装进行科学计算，参照集装箱的容积，根据货运量合理设计包装形式。如果设计每纸箱装20件货物，则一个集装箱的空间不够；如果设计每个纸箱装25～35件货物，然后依照集装箱尺寸设计出纸箱的尺寸，得出最佳装箱方案，从而能够充分利用国际标准的集装箱，大大降低了运费。

（2）提高库存周转率，降低仓储成本

由于热销商品的存货流转速度较快，所以在采购过程中，我们选择在海外市场上广受欢迎的商品。这些商品在海外仓库中的存放时间较短，因此，仓储费用也相对较低。此外，为了防止商品积压，企业需要精确预测海外市场的需求。通过实施精选品类和精确预测补货周期的策略，企业能够有效降低海外仓储成本，提高运营效率。

（3）降低订单处理成本

构建海外仓储管理信息系统，跨境电商企业对跨境电商物流企业的服务流程进行监控管理，实时掌握海外订单的履行过程、峰值订单处理量、海外消费者满意度、海外仓库存等信息，提高跨境电商物流企业的订单执行效率、消费者满意度和配送时效。

（4）降低当地派送成本

为了优化配送效率，降低派送成本，应从跨境物流企业的海外仓服务水平、设备配置以及与本土物流企业的合作经验等多个方面进行全面考量，慎重选择符合要求的物流企业。首选位于海外消费者附近的本地海外仓，能够显著提升配送效率，加快派送速度，提升整体派送的服务质量。此外，还应严格评估和考核跨境物流企业的表现，降低配送过程中的错误率，减少退换货的情况发生。

三、跨境电商物流配送管理

近年来，随着电子信息技术的飞速发展，跨境电商在企业生产经营活动中的应用越来越普及。这一趋势为物流配送活动向着高效化、虚拟化和低成本化方向发展创造了良好的外部环境，也为传统物流配送向更为先进的跨境电商物流配送演进提供了可能。

（一）跨境电商物流配送的内涵

跨境电商行业的发展和不断扩容带动了物流业的发展，一个优秀的跨境电商企业往往离不开优秀的跨境电商物流配送服务。

跨境电子商务物流配送是指跨境物流配送企业采用网络化的计算机技术和现代化的硬件设备、软件系统及先进的管理手段，针对跨境客户的需求，根据用户的订货要求，进行一系列分类、编码、整理、配货等理货工作，并按照约定的时间和地点将准确数量和规格要求的商品传递给用户的活动及过程。

跨境电商在企业运营中的广泛应用已经成为常态。这种趋势为物流配送带来了巨大的变革，使其向着更高效、更虚拟和更低成本的方向发展。这也为传统物流向跨境电商物流配送的转变奠定了坚实的基础。

（二）跨境电商物流配送的特征

1. 虚拟性

随着互联网的发展和电子商务的兴起，跨境电商物流配送的虚拟性通过利用现代计算机技术和网络平台，将配送活动从实体空间扩展到虚拟网络空间。通过虚拟配送，可以实现效率最高、费用最少、距离最短、时间最少的目标，为跨境电商提供更便捷、高效的物流配送服务。

2. 实时性

实时性为决策者提供了高效的决策信息支持。决策者可以随时随地获取到最新的配送信息，包括订单状态、库存情况、运输进度等。这些信息可以帮助决策者快速作出决策，提高决策的效率和准确性，有助于实现配送过程的实时管理。通过实时性技术，各个环节之间可以实现信息的实时共享和传递，减少信息不对称的问题，使各个环节可以更加紧密地协同工作，提高配送过程的效率和准确性。

3. 个性化

个性化配送是跨境电商物流配送的重要特性。跨境电商物流配送的个性化体现为"配"的个性化和"送"的个性化。"配"的个性化主要指配送企业在流通节点（配送中心）根据客户的指令对配送对象进行个性化流通加工，从而增加产品的附加价值；"送"的个性化主要是指依据客户要求的配送习惯、配送方式为每一位客户制定量体裁衣式的配送方案。

4. 增值性

除了传统的分拣、备货、配货、加工、包装、送货等作业，跨境电商物流配送的功能还向上游延伸到市场调研与预测、采购以及订单处理，向下延伸到物流咨询、物流方案的选择和规划、库存控制决策、物流教育与培训等附加功能，可为客户提供具有更多增值性的物流服务。

（三）跨境电商物流配送作业流程

1. 货物入库

物流配送中心根据客户的入库指令视仓储情况做相应的入库受理。按所签的合同进行货物受理，并根据货物的库区库位打印入库单。货物正式入库前要进行货物验收，主要对入库的货物进行核对处理，并对所入库货物进行统一编号（包括合同号、批号、入库日期等）。进行库位分配，主要是对事先没有预分配的货物进行库位自动或人工安排处理，并产生货物库位清单。库存管理主要是对货物在仓库中的一些动态变化信息进行统计查询等工作。物流公司还会对仓库中的货物进行批号管理、盘存处理、内驳处理、库存的优化等工作，做到更有效地管理仓库。

2.运输配送

物流配送中心根据客户的发货指令视库存情况做相应的配送处理。根据配送计划，系统自动地进行车辆、人员的出库处理。根据选好的因素，由专人负责货物的调配处理（自动配货和人工配货），更高效地利用物流公司的资源。根据系统的安排结果按实际情况进行人工调整。系统将根据货物所放地点（库位）情况，按物流公司自己设定的优化原则打印出拣货清单。承运人凭拣货清单到仓库提货，仓库做相应的出库处理。装车完毕后，根据所送客户数打印出相应的送货单。车辆运输途中可通过 GPS 车辆定位系统随时监控，并及时沟通信息。在货物到达目的地后，经收货方确认后，运输人员凭回单向物流配送中心确认。产生所有需要的统计分析数据和财务结算数据，并产生应收款与应付款。

3.配送的主要操作

（1）备货

备货是配送的准备工作和基础工作。备货工作包括筹集货源、订货、采购、集货、进货及相关的质量检查、结算、交接等。备货是决定配送成败的初期工作，如果备货成本太高，将会大大降低配送的效益。

（2）储存

在配送过程中，储存的形态主要可以分为储备和暂存两种。首先对配送储备进行说明。这种储存形态主要是为了满足一定时期内的配送需求而设立的资源保障。换句话说，储存是为了保证在一段时间内，无论何时有配送需求，企业都能够及时、有效地满足这些需求。这种储存的特点是数量大且结构完善。这是因为配送储备需要考虑到各种可能的配送需求，包括需求量、需求时间、需求地点等，因此需要储存足够的数量来保证供应，同时也需要有完善的管理结构来保证效率。其次是暂存，暂存分为两种情况：一种是在执行配送过程中，根据分拣配货的要求进行的少量储存准备。这种储存的主要目的是提高配送工作的效率。因为在配送过程中，可能会遇到一些突发情况，比如某个订单的数量突然增加，或者某个订单的配送地点突然改变等，这时候就需要进行一些临时的储存准备，以便能够快速地应对这些突发情况。虽然暂存对总储存效益没有影响，但是它对工作效率的影响却是非常大的。另一种暂存是分拣、配货后形成的发送货载的暂存。这种暂存主要用于调节配货与送货的节奏。因为在配送过程中，配货和送货是两个非常重要的环节，它们之间的节奏直接影响到配送的效率和效果。通过设置发送货载的暂存，可以有效地调节这两个环节的节奏，使得配送过程更加顺畅、高效。

（3）配装

在配送过程中，如果单个用户的配送数量无法充分利用车辆的有效载运负荷，那么如何将不同用户的货物进行集中搭配与装载，以实现运输能力的最大化利用，便成了一个亟待解决的问题。因此，这就需要引入配装的概念。与传统的配送方式相比，配装能够显著提高配送效率并降低配送成本。这使得配装成为配送系统中具有代表性的功能特点，也是现代配送与传统送货方式的重要区别所在。

（四）跨境电商物流配送业务模式

1. 跨境电商出口物流配送

（1）境内集中配送

我国跨境电商的外销商品主要包括化妆品、日用品、3C产品和服饰等个人用品。这些商品在国内市场非常受欢迎，因此，电商平台积极拓展海外市场，以满足海外消费者的需求。配送模式为先国内配货，形成商品单元后再通过国际快递或邮政直邮境外，最后由境外合作者送到客户手中。这种模式可以确保商品的快速到达，并且能够提供可靠的物流服务。在这种模式下，快递公司或邮政进行报关，个人用品的邮包在特定标准下不需要缴纳关税。这为电商提供了便利，降低了成本，同时也为消费者提供了更具竞争力的价格。境内集中配送模式的优点是可以一次性形成订单包裹，电商不必在境外储备大量存货。这样可以节省仓储成本，提高资金周转效率，并且能够更好地控制库存。

（2）境外分散配送

境外分散配送模式可以帮助大型电商更好地满足消费者的需求。通过在目标市场设立分布式仓库，电商能够运用运费较低的时间段进行大规模货物的运输，并预先存储到海外仓库，从而更快地响应市场需求，及时补充库存，并提供更快速的配送服务。这样，消费者可以更快地收到他们购买的商品，提高了购物的便利性和满意度。由于在不同地区建立仓库，电商需要对各地仓库的库存进行精确的管理和预测。如果预测不准确，可能会导致某些地区的滞销问题，同时也可能增加全球范围内的库存积压风险。因此，企业需要加强对库存的监控和管理，确保库存水平与市场需求相匹配。

（3）亚马逊的物流配送模式

亚马逊在电子商务领域采取了一种独特的策略，以节约成本并降低风险。亚马逊将国内配送业务委托给美国邮政和 UPS 等专业物流公司，这样可以减少自身对物流基础设施的投资，利用这些专业物流公司的经验和优势能提高配送效率并降低成本。

通过与供应商的合作，亚马逊能够及时了解市场需求和销售情况，从而灵活调整库存量，避免库存积压和资金占用。这种合作关系还能够确保亚马逊能够及时获得最新的图书供应，以满足顾客的需求。"购书者以信用卡向亚马逊公司支付书款，而亚马逊在图书售出 46 天后才向出版商付款，这就使得它的资金周转比传统书店要顺畅得多。"① 由于保持了低库存，亚马逊的库存周转速度很快。

亚马逊的配送中心按照商品类别进行设置，每个配送中心专注于特定的商品类别。通过专注于特定商品类别，配送中心可以更好地优化其作业流程，提高作业效率。同时，这种模式还可以降低配送中心的管理和运转费用，因为每个配送中心可以专注于其专长的商品类别，从而减少了跨类别管理和协调的需求。

亚马逊国外物流配送当前常用的方式主要有 3 种：亚马逊 FBA 发货、第三方海外仓发货和自发货。

很多亚马逊卖家会优先选择亚马逊提供物流配送业务（Fulfillment by Amazon，FBA）发货，因为 FBA 物流发货速度快，客户较为信任。第三方海外仓与亚马逊 FBA 相比，费用较低，能缩短物流时效，利于开拓当地市场。自发货的优点就是操作灵活性较高，仓储费用也比较低，可以减少压货成本。

自发货分为 3 个类别：邮政、快递和专线。卖家要根据自己销售产品的特性、买家对时效的要求程度、所在地、物流预算和淡旺季来灵活选择适合自己的自发货方式。

---

① 牛慈康.国际贸易实务：第 2 版 [M].北京：北京对外经济贸易大学出版社，2021：100-101.

2.跨境电商进口物流配送

跨境电商作为基于互联网平台在不同国家或地区间形成的电子商务交易形式，展现了电子商务发展的高级形态。随着跨境电子商务的迅猛发展，其物流配送问题逐渐成为公众关注的焦点。物流配送能力的强弱对跨境电子商务的发展速度和规模具有直接的影响。因此，有效解决物流配送问题对于跨境电商的发展至关重要。韩国、日本、美国、俄罗斯是我国跨境电商进口货物的主要来源，而东南亚、乌兹别克斯坦、中东国家、俄罗斯、远东地区则是我国跨境电商出口货物的主要目的地。

我国消费者在境外网购时，主要购买美妆、服饰、电子产品、保健品和婴幼儿食品等消费品。境外零售商和品牌商在资源组织与采购方面具有较大优势，它们通常拥有更广泛的供应链网络和更多的合作伙伴，能够更好地获取到高品质的产品。此外，它们还可以通过直接与品牌商合作，获得独家授权和优惠价格，从而提供更具竞争力的产品给消费者。境内电商获取货源的方式主要分为三类：一是直接获得品牌商授权，二是由海外供应商提供合作平台，三是派人在境外市场进行采购。在跨境电子商务领域，多数境外化妆品和母婴用品品牌供应商倾向于采用合作平台的模式，而纸尿裤和奶粉电商则更倾向于派人到境外市场进行集中采购。这种差异主要是由商品特性和市场需求决定的。

目前，跨境运输及配送主要采用境外仓库的集中配送和境内保税区配送两种方式。境外仓库的集中配送是通过境外仓库，利用国内邮政、物流公司或国际航空等方式将货物送达境内客户。据统计，我国每年有大量奢侈品和奶粉通过这种方式进入境内，货值高达10亿元。境内保税区配送则是电商将商品预先储存在境内保税区，接到订单后从保税区拣选配货，再由快递公司送达客户。目前，我国已在重庆、广州、郑州、宁波、杭州以及上海6个城市试行境内保税区配送模式。

第三节　跨境电商的客户服务管理

一、跨境电商客户服务管理的内容

（一）解答客户咨询

与在实体店铺购物不同，在线购物时，客户会对店铺提出大量关于"商品"和"服务"的咨询。

1.解答关于商品的咨询

纵观目前中国跨境电商行业，商品具有如下特点：

（1）商品种类庞杂

从早期的 3C、玩具，到后期卖家集中发力的服装、配饰、家居用品等，跨境电商涉及的行业不断丰富，基本覆盖国内外常见的日用消费品。

（2）单个店铺经营的专业品类多

不同于国内电商单个店铺往往只销售一到两个专业品类的特点，在跨境电商交易中，国外客户对"店铺"的概念非常薄弱。这是因为早期建立的国外电商平台大多没有"店铺"的概念，而只有松散的"商品链接"，如美国的亚马逊。因此，跨境电商的店铺同时兼营的商品经常涉及多个行业、种类，这就使客服的工作变得更加复杂。

（3）在商品规格上国内外存在巨大的差异

例如，令许多卖家头疼的欧洲服装尺码标准、美国服装尺码标准，与国内商品存在差异。又如，电器设备的标规问题，欧洲、日本、美国电器商品的电压，都与国内标规不同，即使是诸如电源插头这样一个小细节，各国之间存在差异，中国卖家卖出的电器能适用于澳大利亚的电源插座，但是到了英国就不匹配了。

跨境电商商品的特点增加了客服人员在解答客户商品咨询时的难度，在商品交易中，客服人员扮演着至关重要的角色。客服人员的一项核心职责在于，无论客户提出的疑问多么复杂，都要以专业的知识来解答，并提供切实可行的解决方案。

2.解答关于服务的咨询

跨境电商的另一个特点在于服务实现的复杂性。当面临运输方式、海关申报清关以及商品安全性等问题时，跨境电商往往比国内电商需要处理更多、更复杂的问题，而当商品到达国外客户手中后，解答商品在使用中遇到的问题，也需要客服人员具备更高的售后服务技巧，这样客服人员才有可能用较低的售后成本为国外客户妥善地解决问题。很多商品信息在购买页面都可以被读取，但售后牵涉更多的是服务问题，且商品售出后，客服人员所面临的都是相关商品的一系列售后服务问题。而且相对于商品咨询，服务问题更是千差万别。商品是稳定、不变的，而服务的标准与内容、差别很大，客服人员在把握时难度更高。

（二）解决售后问题

1.跨境电商售后问题产生的原因

跨境电商行业有一个非常有趣的特点，即在正常情况下，客户下单之前很少与卖家进行沟通，这就是行业内经常提到的"静默下单"。卖家要做的事情是在商品的描述页上使用图片、视频、文字等多种方式充分且清晰地说明销售的商品的特点，以及所能够提供的售前、售后服务。一旦这些内容呈现到商品页面上，就成为卖家作出的不可更改、不可撤销。

在大家所熟悉的国内电商行业中，绝大部分客户在下单前都会与客服人员就"是否有库存""可否提供折扣或赠品"等内容进行多次沟通。而在跨境电商行业中，客户往往在下单前不与店铺的客服人员进行联系。客户"静默下单"，即时付款，对卖家来讲，这减少了较大的工作量。

在跨境电商行业中，当客户联系店铺卖家时，往往是客户在商品、物流运输或者其他服务方面遇到了问题，而这些问题是客户依靠自己的力量无法解决的。在绝大部分情况下，一旦客户联系店铺客服人员，就会对售后环节提出疑问与不满。统计数据表明，许多跨境电商卖家每天收到的邮件中有将近七成都是关于商品和服务的投诉。也就是说，店铺客服人员在日常工作中处理的最主要问题就是各种售后服务，帮助客户客观地认识问题，稳定他们的情绪，进而控制整个业务谈判的方向。

2. 客服人员解决售后问题所需的知识与技能

（1）成本核算与规避损失的能力

无论是何种商业模式，客服人员在面对客户投诉时都可以采取多种方案进行解决，然而，这些方案往往会涉及一些售后成本。跨境电商不同于国内电商，由于距离远、运输时间长、运输成本高，当服务出现问题时，售后处理的方案往往会比国内电商的处理方式成本高，最常见的例子是涉及退换货的问题，而这需要客服人员在多种处理方法中，引导客户选择对卖家而言成本最低的处理方案。

（2）全面了解店铺商品与各岗位工作流程

在解决客户的问题时，客服人员必须是跨境电商的行业专家，对诸如商品、采购、物流、通关等各方面的工作流程有一个全面而正确的认识。只有如此，客服人员才能够准确地发现问题所在，客户遇到的麻烦才能够得到完美的解决。除此之外，客服人员还需要熟悉平台规则，了解店铺后台，把握店铺整体评论、评分以及商品星级评分和评论内容，熟悉公司商品，包括商品的功能、特色、成本、物流及供货期等，了解公司文化和品牌理念以及掌握客服相关问题。

（3）良好的沟通能力

客服人员每天的业务操作都离不开沟通，所以，沟通技巧是跨境电商客服人员需要具备的重要能力之一。客服人员熟练掌握沟通的技巧，就能使面临的许多问题迎刃而解。良好的沟通可以使交流双方的思想、观念、观点达成一致，让店铺赢得更多的订单，买家也能避免不必要的中、差评出现。同时，客服人员应具备良好的英语听说读写能力，回复邮件进度达到一天5～100封。

（三）促进销售

销售与促销往往被认为只是业务销售人员的工作。但实际上，在跨境电商领域中，客服人员如果能够充分发挥主观能动性，也就能够为企业和团队创造巨大的销售业绩。因此，客服人员需要在与客户的首次以及后续交易中发挥主观能动性，尽可能促进后续交易的稳定进行。

1. 客服实现再次交易的方法

卖家对问题的完美解决会使自身在买家心中大大加分，形成客户黏性。很多在店铺多次下单的老客户，往往是在最初几次交易中遇到过问题的人。而当客服人员完美地解决问题后，客户对卖家的信任会显著增强。特别是当客服人员专业的服务态度能够打动客户时，两者的信任关系迅速增进，这种双方的相互信任可以促使客户稳定下单。

从大量售前咨询中发掘潜在大客户，促成大额交易。在跨境零售电商行业中（特别是在阿里巴巴速卖通平台上）有大量的国外买家主要的目的是寻找合适的中国供应商。无论是售前还是售后的咨询，这种客户更关注的是卖家在商品种类的丰富程度、商品线的开发拓展速度、物流与清关的服务水平和大额订单的折扣力度与供货能力等。一旦发现这种客户，客服人员需要积极跟进，不断地解决客户的疑虑，最终促成订单成交。

巧妙使用邮件群发工具形成客户社群，增加回头客。在跨境电商的营销过程中，通过与营销业务人员的密切配合，客服人员同样可以扮演非常重要的营销角色。相对于国内买家，国外零售电商的买家更容易接受"客户俱乐部制"等客户社群方式，因此，有效且精准的营销邮件群发，一方面可以增强客户的黏性，另一方面也可以发放优惠券，促使客户参与店铺的各种促销活动，进而促进客户再次回店下单。

2.客服促进销售所需的知识与品质

（1）发现潜在大客户的敏锐性

大客户往往是通过零售客户转化而来的，但并不是说所有的零售客户都是店铺的潜在大客户，这就需要客服人员具有发现潜在大客户的敏锐性。这个技能是无法在短期形成的，但有些常用的技巧可供参考。例如，潜在的大客户会比普通的客户更重视卖家的商品丰富度、商品线的备货供应情况，以及当购买数量提升时是否能够得到相应的折扣等。

大客户注重的是与中国的卖家合作之后是否能够得到更大的利润空间，以及稳定的商品供应和丰富的商品种类。越是供货稳定、批发折扣力度大、运输方案灵活、具有丰富经验的卖家，越容易博得大客户的青睐。依据这样的思路，客服人员通过与客户的积极沟通交流，对客户进行观察与总结，可逐渐培养发现潜在大客户的敏锐性。

（2）对成本、物流、市场情况的全面了解

店铺的客服人员在工作中也经常会涉及物流费用、商品成本以及销售利润预算的问题。这就需要客服人员充分掌握本团队所经营商品的状况、运输方式的选择以及各项费用的预算。

持续、定期地与买家沟通，解决买家的顾虑或疑惑，与买家共同研究，促成安全、稳妥的物流和供应方案，是最终将大额订单敲定的关键。另外，当与买家达成第一次大订单后，卖家后续的客户服务要更加主动。对跨境电商的卖家而言，与一位客户达成第一笔大额订单仅仅是后续多次合作的起点。店铺的客服人员要定期回访过往的客户，为他们提供更加周到的售后服务，同时向他们推荐店铺最新的相关商品，这种回访的模式往往会带来更高的下单率和更加稳定的长期客户关系。

（四）管理监控职能

团队管理者必须建立一套有效的沟通和问责机制，以便团队成员之间能够及时交流信息和解决问题。客服人员并不一定直接参与团队的管理，但是作为每天直接面对所有客户的一个岗位，客服人员需要聆听并解决所有客户提出的问题，客服人员作为广大客户的直接接触者，是团队中最先意识到问题的人。因此，客服人员必须充分发挥管理监控职能，定期将遇到的所有客户问题汇总并及时反馈到销售主管、采购主管、仓储物流主管以及总经理等。

二、跨境电商客户服务沟通管理

订单小单化、碎片化以及订单数量增长迅速是目前跨境电子商务的两大特点。因此，跨境电子商务客服人员所面临的局面更为复杂，不可避免地要受到不同的语言、地域、气候、价值观、思维方式、行为方式、风俗习惯、文化、消费习惯、宗教乃至国家政策、行业环境等因素的影响，只有具备专业化的客服才能适应行业的发展与满足客户的需求。因此，良好的交流与沟通显得尤为重要。

沟通本义是指开沟以使两水相通，后来用以泛指两方相通连，引申为疏通彼此的意见。跨境电子商务所讲的沟通是卖家和用户之间为了达成设定的交易目标，而将信息、思想和情感在卖家和用户间传递，以达成交易协议的过程。

在跨境电子商务中，交流与沟通贯穿整个业务。良好的交流与沟通是增加跨境电子商务利润的强大商业驱动力。跨境电子商务每天的具体业务操作自始至终都离不开交流与沟通。交流与沟通技巧是跨境电子商务的重要课题，熟练掌握交流与沟通技巧，能使许多问题迎刃而解，反之则寸步难行。

（一）跨境电子商务沟通的特点

1. 无法预知竞争

在传统贸易中，会和竞争对手直接或者间接地产生交流，容易形成比较，发现自身和对手的实力差距，找出自己的短板。但是在跨境电商交易中，尽管每天有大量的卖家在自己的店铺中产生操作，形成多种数据信息，但是面对如此巨量的数据，商家无法作出准确的判断，并对新商机进行把握，有时甚至会产生被动的局面。

2. 沟通对象不同

传统贸易的沟通对象往往是专业的批发商，而跨境电子商务的沟通对象有两种人群，可能是专业的批发商，也可能是数量庞大的终端消费者。这些消费者有一定的网上购物经验，愿意尝试网购，他们的购物目的是满足自己使用需求，因此对产品的质量及价格的要求和传统贸易会有所不同。因此，在询盘沟通中应该抓住买家的群体特征有针对性地进行沟通。

3. 服务以人为本

传统贸易往往批量较大，强调产品的标准性，而非个性。而跨境电子商务中，以人为本是交流与沟通的"生命线"。随着竞争的日益激烈，跨境电商往往不是在比价格、比质量，而是在比服务。所以要提供最人性化的服务，从最初的询盘，到最后的下单，每一步都应关注着买家的要求及顾虑，这样才能取得较好的效果。

4. 灵活性

跨境电子商务被西方学者比喻为"积木式"的功能设计。这个比喻恰当地体现了电子商务的灵活性。为买家量身打造个性化商品与服务是一种以买家为中心的管理方法，也是成功的跨境电子商务必须采取的经营方式。根据买家的要求适时提供或者改变服务的内容和方式是提高买家满意度的有效方式。

（二）跨境电商客户沟通技巧

1. 做好沟通前的准备

作为跨境电商的客服人员，应明确的是所服务的对象来自不同的国家，拥有不同的文化背景、风俗习惯和购物需求，因此，了解服务对象的总体情况，不仅是客服应该具备的素质，更是决定沟通能否成功的前提条件。

第一，了解目标市场的风俗习惯，如节假日等，便于沟通时拉近与被服务客户的心理距离。

第二，掌握不同国家的语言习惯，根据不同人群给予有针对性的回复。

第三，熟悉产品的特性以及物流运输等环节的查询方法。

2. 注重语言沟通的技巧，传递重点信息

客服人员在工作态度上要务实求真，注重细节，同时保持心态平和，使用客户的语言，除能让客户在感受到尊重的同时，也有利于双方交流的顺畅，从而提高信任度，降低差评的发生概率。

在通过邮件回复客户信息时，切忌长篇大论，语言应该尽可能精炼，突出重点。长篇大论的写作方式容易让客户产生厌烦情绪，且关键问题常常因被淹没在大段的文字中而被忽略掉。为了提升客户的阅读体验和建立更高的信任度，可以考虑加大分段的方式。将重点内容独立成段，并在段前和段后加入空行，这样可以使文章更加清晰易读。通过这种方式，客户可以更快速地找到他们感兴趣的信息，节省客户的时间和精力。要秉持"提供证据—证据来源网址—信息解释—解决方案—结束语"的逻辑顺序。在每个段落中，可以先提供相关的证据或数据，然后附上证据的来源网址，以便客户可以进一步查证。接下来，对所提供的证据进行解释，确保客户能够充分理解其含义和重要性，以便取得客户的信任并使其有较愉悦的体验。

3. 沟通一定要注重时效性

通过电商平台购买商品，由于其整个购买过程都是基于网络进行的，一旦出

现纠纷或疑问，客户往往希望在第一时间得到回复，对卖家回复的时效性要求较高。虽然在跨境电商中，客户对于由于时差造成的不能及时回复容忍性较高，但是作为跨境卖家，尽可能早地回答客户的问题，对提升客户满意度和培养忠实客户发挥着重要的作用。一般来讲，最好在 24 小时内回复客户，若是超过 24 小时，建议在回信中首句应致歉"Sorry for the late reply."（抱歉这么久才给你答复。）如果对于客户的提问暂时不能回复，如暂时无法得到确切的物流信息，可以告知对方"I will inform you of the shipping information as soon as the goods is sent out."（一旦货物发出，我将立即通知您货物信息。）这样，会让客户感觉是在为其着想，有得到尊重、受到重视的感觉，并且对这个订单的整个完成过程心里有数，而不至于产生焦虑感。

4.淡化事件的严重性

在跨境电商交易中，客户作为购买方，对于很多专业问题可能并不十分了解。在与客户进行沟通时，卖家应该采取积极主动的态度，表达出对客户问题的关注和理解。首先，卖家可以通过友好的问候和自我介绍来建立良好的沟通氛围。接着，卖家可以耐心倾听客户的问题和疑虑，确保自己完全理解客户的需求。在了解客户问题的基础上，卖家可以采取一些策略来解决或减轻问题的困扰。例如，卖家可以使用轻松的语气和幽默的方式来回应客户的问题，以缓解客户的紧张情绪。此外，卖家还可以通过提供一些相关案例向客户展示类似问题的解决方案，让客户知道问题是可以解决的。通过以上淡化问题和承诺帮助解决的沟通技巧，可以减轻客户的焦躁感和抵触心理，从而有利于客户接受后续的解释和解决方案。例如客服可以在邮件的开头明确地写出：

Dear Jane,

Thank you so much for your order!

I am really sorry to hear that and surely I will help you solve this problem.（亲爱的简，非常感谢你的订单！听到这个消息，我真的很抱歉，我一定会帮助你解决这个问题。）

在这样地安抚客户之后，会让客户更有耐心，能够继续看完邮件下面提出的解释与解决方案。

5. 适当采用迂回技巧与客户进行沟通

在回应客户疑问的过程中，发掘恰当的理由显得至关重要。客服应寻找一个合乎情理且符合当地实际情况的理由，例如，海关查验、封港绕行等。通过提供合理的解释，客服可以增强客户的信任感，并提高客户满意度。以货物损坏为例，面对这样的情况客服可以这样回复："Although we checked everything before sending, it is still possible damaged by crash or jolt on the way, you know some times the postmen throw parcels from truck."（虽然我们在发货前仔细检查了每一样产品，但是产品仍有可能在邮寄中因被撞击或颠簸而损坏，你知道的，有时候快递人员会把包裹从卡车上抛下来。）从客户心理学的角度来看，提供一个合理解释，往往能够更好地平息客户的怒火。一个恰当的理由不仅能够安抚客户的情绪，还有助于引导他们接受卖方的调解方案，从而更快速地解决纠纷。

在客户服务中，当客服人员面对客户的问题时，他们需要解释清楚客观的理由。这些理由可能与卖方无关，但客户可能会因为不了解情况而产生误解或不满。在这种情况下，客服人员应该采取诚恳的态度，不仅仅是为了解决问题，更是为了维护与客户之间的关系。例如，对待货物漏发或者丢货事件，可以这样回复"However, I still like to help you solve this problem.If you accept，we will resend you a new one for free."（无论如何，我仍然愿意为您解决问题。如果您接受，我将免费为您重发一件相同的新品。）

三、客户投诉处理应对措施

（一）快速反应

当客户遇到与商品有关的问题时，常常会担心问题得不到解决而表现出急躁的情绪，因此，当客户提出问题时，一定要快速反应，准确记录下客户的问题并与客户沟通确认，在确认之后要及时查询问题发生的原因，并将原因告知客户。但有时会遇到一些不能够马上解决或者查明原因的问题，这时切忌对客户无应答，应向其解释原因，并尽量给予一个确定的答复时间，在答复时间到来时争取给客户一个满意的回答。

（二）热情接待

当收到客户投诉时，要热情对待。很多客服常会陷入一个误区，那就是交易时对待客户热情，而投诉时态度冷淡，这样的做法很容易给客户带来一种"虚伪"的印象，这样的印象一旦形成，即便后期解决了客户的投诉，客户也会因不好的体验而不会再次来到店铺购买，造成客户的流失。

（三）认真倾听

对于客户的投诉，不要着急去辩解，而是要耐心地听清楚问题的所在。在与客户沟通问题时，应该始终保持耐心和尊重。客户的投诉可能是出于对产品或服务的不满，因此客服需要倾听他们的意见，并尽力理解他们的观点。通过仔细聆听客户的抱怨，客服可以更好地把握问题的实质，从而提供更准确的解决方案。

（四）认同客户感受

客户在投诉时常会出现烦恼、失望、泄气、愤怒等各种情绪，客服人员要积极地转化这些情绪，避免将这些情绪看作是针对自己的。无论客户是否有道理，客服人员只有与客户的情绪同步，才有可能真正了解客户的问题，从而找到合适的方式与客户交流，从而提高成功解决纠纷投诉的概率。

（五）提出补救措施

对于客户的不满，应及时提出补救措施。当客户遇到问题或不满意时，企业应该立即采取行动，积极寻找解决方案，并与客户进行沟通和协商。及时的补救措施可以有效地缓解客户的不满情绪，增强客户对企业的信任和满意度。但是在提供补救措施时还要再注意以下几点：

1. 为客户提供多种补偿选择

在处理客户不满时，企业应该给予客户多种补偿选择的机会，让客户能够根据自己的需求和情况作出决策。这样可以让客户感受到企业给予的尊重和关心，增强客户的满意度和忠诚度。

2.诚实地承诺

企业在处理客户不满时，应该诚实地向客户表达自己的承诺，并且要确保能够兑现这些承诺。同时，企业也应该明确告知客户，不能作出无法实现的承诺，以免给客户带来更大的失望和不满。另外，对于不能解决的问题也要让客户知道企业的努力过程，并按约定时间通报问题的解决进度，最大限度地赢得客户的信任和好感。

3.适当给客户一些补偿

在处理客户不满时，企业可以适当地给予客户一些补偿，以弥补客户的损失。然而，企业也应该注意，补偿只是解决问题的一种手段，不能完全依赖补偿来解决客户的不满。企业还应该从根本上改进产品和服务质量，以避免类似问题的再次发生。

四、退货处理

（一）退货政策对消费者购买意愿的影响

退货政策是商家为消费者退货所设定的规则和条件。退货政策通常从三个关键维度进行考量：退货截止时间、退货努力程度和退货费用返还。退货截止时间指消费者能够享受无理由退货的期限，退货努力程度涉及保持商品原样、提供原始收据和填写退货表格等要求，而费用返还则涉及运费、再存储费、折旧费及处理费等。退货政策的制定需要深入研究消费者在购前、购买决策、商品评价和退货行为等方面的心理感知。此外，还需要探讨影响退货政策作用效果的调节因素。退货政策对消费者感知风险、感知质量、信任和感知公平等方面具有显著影响。宽松的退货政策能够提高消费者的质量感知，表明企业对其产品和交付有较高的信心。相比之下，严格的退货政策可能使消费者感到不公平。

退货政策的宽松度对消费者的购买决策、购买意愿、溢价支付意愿和重购意愿有着显著的影响。具体来说，一个宽松的退货政策能够减少消费者在购买前的犹豫和思考时间，从而提升他们的购买意愿，使他们更愿意为产品支付更高的溢价。这种政策还能够增强消费者的重购意愿，使他们更愿意在未来再次购买该品牌或产品。除了对购买行为的影响外，宽松的退货政策还会对消费者的购前和购后评价产生积极影响。当消费者知道他们可以在不满意的情况下轻松退货时，他们更有可能对产品质量持有积极的评价。这种积极评价不仅有助于提高产品的口碑和品牌形象，还能够吸引更多的潜在消费者考虑购买该产品。此外，宽松的退货政策还能够增加消费者对品牌的信任感。当消费者知道他们可以无障碍地退货时，他们更有信心购买该品牌的产品，因为他们知道自己不会因为购买错误而遭受损失。这种信任感有助于建立长期的消费者关系，并促使消费者成为品牌的忠实粉丝。

在远程购物环境下，退货政策成了一个重要的外部线索。这是因为消费者无法直接触摸和试用产品，因此他们需要通过其他方式来评估产品的质量。退货政策就是这样一种方式。如果一个商家提供宽松的退货政策，那么消费者可能会认为该商家对其产品质量有信心，因此更愿意购买这个商家的产品。然而，如果消费者对商家的信任程度较低，那么即使商家提供宽松的退货政策，消费者可能也不会提高对产品质量的评价或增加购买意愿；相反，如果消费者对商家的信任程度较高，那么即使商家的退货政策较为严格，消费者也可能会增加对产品质量的评价和购买意愿。

（二）处理退换货问题的对策

1. 严格确保海淘产品质量

跨境电商企业作为连接全球市场的桥梁，其行为准则和操作规范对于维护消费者权益、保障市场秩序具有重要意义。企业应严格遵循实事求是的原则，确保提供的产品信息真实、准确无误。这不仅是对消费者的尊重，也是企业自身信誉的体现。任何虚假或误导性的信息都可能对企业造成不可逆的损害。在采购环节，企业需要对供应商进行严格的筛选和评估，确保所采购的商品质量上乘、符合标准。同时，与供应商建立长期稳定的合作关系，可以确保供应链的稳定性，为消费者提供持续、稳定的商品供应。发货环节是企业与消费者直接接触的环节，企业需要确保商品的包装安全、完整，避免在运输过程中出现损坏。此外，为了满足不同消费者的需求，企业还应提供多种配送方式供消费者选择，如快递、空运等。

2. 降低退换货成本

（1）降低退换货的运费

跨境电商企业在选择物流合作伙伴时，应当与物流公司签订合规协议，确保双方在合作过程中遵循相关法律法规和行业规范。此外，针对高价值、大体积或特殊商品，跨境电商企业还应考虑购买运输保险，以降低货物在运输过程中可能遭受的损失风险，从而减少退货费用和客户投诉。

通过与物流公司建立紧密的合作关系，跨境电商企业可以充分利用跨境物流规模化效应，实现运费成本的降低。例如，拼单服务是一种常见的跨境物流优化方式，通过将多个客户的订单合并在一起进行统一配送，可以有效降低单个订单的运输成本。这样一来，跨境电商企业不仅可以为自身节省运费支出，还能为客户提供更具竞争力的价格，从而吸引更多企业选择其提供的物流服务。

（2）降低人力等其他成本

进行合理的海外仓分配和有效的人员配置。在规划海外仓时，建议单独设置一个退货区，将其作为一项增值服务。这样做的好处是，可以更好地管理和控制退货流程，同时也能提升客户满意度。跨境电商企业还可以考虑外派常驻人员专门负责退货处理。这样不仅可以节省人力成本，还可以提高退货处理的效率和质量。同时，企业还可以利用先进的分拣系统进一步节省人力成本。这种系统可以自动识别和分类货物，大大提高了分拣的速度和准确性。

3. 简化退换货程序、缩短退换货周期

客服人员加快对消费者跨境退换货申请的审查、批准等。节约时间，缩短退换货周期。

4. 识别和严肃处理消费者的不诚实交易行为

在跨境电子商务的范畴内，企业和交易平台可以通过采用数据分析的方法，精准地识别虚假的退货申请，从而进行有效的应对，包括核对买家的真实身份和满足合理的退换货需求。这样做的目的在于保护平台上的跨境电商企业免受不诚实交易行为的影响，并避免不必要的经济损失。对于"送货地址有误""未收到货"这类情况，应进一步优化了收货流程。具体来说，当配送员送达商品时，需要客户当场确认在线签收。如果客户无法亲自签收，可以通过如小区驿站等代收平台进行代理签收。一旦完成代理签收，客户在 12 小时内如果发现未收到商品，都可以提出申诉。这种流程优化的目的是提高服务效率，减少纠纷，并提升客户的满意度。为了保护商家的权益，跨境电商平台可以采取一系列措施来打击消费者欺诈行为。其中一种有效的手段是利用"运输险"等保险产品。当商家发现或怀疑消费者存在欺诈行为时，他们可以向平台提出审核要求，以便平台能够进行调查和处理。对于有不诚实交易行为的消费者，跨境电商平台可以根据其交易次数和金额进行相应的处罚。例如，平台可以冻结该消费者的账号，限制其在平台上的交易活动。这样的处罚措施可以起到警示作用，同时也能够减少其他商家受到损失的风险。

5. 加强对跨境退货的处理力度

在满足消费者需求的商品中，保留某些产品特性并通过再次销售，有针对性地流入相应人群，可以提高退货物品的再利用价值，为跨境电商企业增加资金收入，减轻损失。同时，质量达标的商品可以捐赠给当地的慈善机构，不仅可以提升企业的知名度和社会影响力，还可以为未来市场拓展奠定基础。

6. 其他降低跨境退换货率的措施

在跨境电子商务领域，企业可以采用多种经济激励措施，以鼓励客户保留商品。例如，可以向客户提供折扣优惠的承诺，以此激励消费者在购买后选择保留商品，而非进行退货。这种策略借鉴了零售巨头沃尔玛的政策，赋予客户选择是否退货的权利。然而，一旦客户选择退货，企业需要支付一定的退货费用。除此之外，跨境电商企业还可以运用营销策略，如提供优惠的产品组合和优质的售后服务，进一步增强消费者保留商品的意愿。这些策略不仅有助于降低退货率，还能提升客户满意度和忠诚度，从而为跨境电商企业创造更大的商业价值。

第三章　大数据背景下跨境电商运营管理的创新

为有效推进我国国际化贸易生态环境的良性发展、有序建设，需要相关政府部门与企业在全面认识大数据对跨境电商经济产业影响的基础上，加快先进技术的应用推广，严把产品质量关，维护跨境电商国际贸易市场的秩序。本章主要论述大数据背景下跨境电商运营管理的创新。

第一节　跨境电商金融创新对策

一、大力促进跨境电商供应链金融业务的发展

（一）重视供应链金融的重要性

银行应更新传统的融资观念，将眼光放到整条供应链上，充分了解供应链金融的优势和风险，积极开展外贸供应链金融业务，这样一来不仅能够解决进出口跨境电商的融资困境，而且还可以为自身提供丰富的业务资源。银行必须加强产品创新，考虑不同的情形，设计适用不同环境、操作性强且风险易掌控的供应链金融产品，以适应市场的变化，赢得更多的客户。在供应链金融产品的运用和推广中，对于专业人才的素养与专业技能更是有着严格的要求，要求团队成员具备全面的专业知识储备，并且能够全面考虑产品带来的风险，从而保证供应链金融产品的设计、推广和实施。

在供应链金融这一新兴融资方式成为主流的形势下，进出口跨境电商很有必要设立专门的供应链金融管理机构，培养相关的业务人员。在供应链金融中，物流企业扮演着非常重要的角色，给物流业的发展带来了新的契机。因此，物流企业必须加强自身的建设，包括合规性建设、信用体系建设、管理能力建设等。

（二）促进供应链金融线上化

信息技术是供应链金融的推动者，提供的电子平台把商业信息和融资信息连接起来，实现了供应链中主要环节的透明化。随着供应链金融的线上化，企业之间的交易信息、物流监管信息变得比较透明，信用风险也相应降低。

（三）改善风险管理机制

金融不同于传统的贸易融资方式，其风险控制的重点不再局限于对单个企业财务状况和信用水平的调查，而是对企业间交易背景真实性及核心企业信用状况的把握，因而银行应优化原有的风险控制机制，建立基于整条供应链的动态评估体系。银行应根据业务和管理的具体情况确立操作风险分类体系，以便为管理决

策者提供有效的风险管理策略。银行需要对供应链融资风险管理运作设立专门的流程，明确各个流程的具体内容，包括授信过程所需的决策、后续的流程，以及风险监控、检查等相关流程。银行需要建立健全风险报告制度，明确风险报告中所需涉及的内容及上报周期等具体内容。

首先，电子平台将订单、物流和存货等参数全部纳入风险评估系统，实时地跟踪供应链全程，监督企业风险。当出现不正常情况时，系统将会发出警告。其次，供应链风险评估系统将转变为金融风险评估系统，基于订单物流等形成现金流的可视化。银行可以充分了解供应链的实际情况，结合具体情况进行评估和分析，确定融资额度，尤其要重点考察重要环节，将其作为融资的重要参考标准和依据，在线对申请作出有效回应。最后，借助电子平台可以实时了解供应链及金融的情况，进一步对现金流进行有效监控。

对银行来说，电子平台的应用在一定程度上能有效简化操作，降低成本，创新创造融资产品，提高客户吸引量。对于核心企业，供应链可视化平台的应用加强了其对供应链上下游企业的掌控。对于融资的跨境电商，其拥有的真实的可控的货物所有权或者债权能使其从银行获得更多融资以解决企业的融资困境问题。供应链中的不确定性在整条供应链中可通过信息的共享得到一定程度的降低，同时提升整条供应链的信用水平。企业从银行得到更多的资金支持，最终实现良性循环和多方共赢。

（四）建立跨境电商信用体系

如何吸纳资信良好的客户到供应链生态圈中，是处于供应链中的企业，尤其是核心企业必须要面对的问题。企业应加强对其上下游企业的资信调查，从源头上严格控制风险。核心企业应该带动其所在供应链的包括跨境电商在内的上下游企业，共同完善信用体制，提升自身信用评级，也应同时加强对上下游企业的信用考核，建立相应的激励机制，以鼓励上下游企业规范内部管理和业务操作，从而提升整条供应链的稳定性和竞争力。

企业之间还应该协调信息技术，共同搭建电子平台，以帮助控制风险。核心企业需要引导上下游企业，共同努力搭建电子平台，在促进信息共享的同时，加强对上下游企业的信用风险控制。我国政府相关部门可以引导中小型跨境电商建立企业信用评估体系，实现银行与企业数据库信息共享机制，并加强宣传企业诚实信用教育，树立中小型跨境电商良好的诚信形象，为中小型跨境电商的发展创造和谐的环境。银行应该与政府部门联合，建立一个适用于整个供应链企业的动态信用评估系统，将供应链条里的企业信用全部录入信用系统，以此降低银行评估成本，加快供应链金融的发展创新。政府应在原有的融资平台的基础上，开辟供应链金融平台，把具有融资需求和进出口企业和金融机构容纳进来，使信息得以共享。

二、规范跨境电商网络信贷的发展

（一）利用网络借贷推进利率市场化

"网络借贷的健康发展可以作为中国利率市场化的试验田。"[①] 相较于监管部门的推动方向而言，网络借贷更加方便和快捷，也能产生更有效的鲶鱼效应。P2P网络借贷促进了直接融资的发展，更重要的是，社会闲散资金能够得到有效利用，通过网络渠道进行更优质的匹配，这种匹配方式更加方便，且成本更低，能够在短时间内形成资金流通，在一定程度上也能作为资金供需分析的重要数据支撑，进而更好地推动资金流动，提高资金流动的科学性与合理性。

（二）完善跨境电商征信体系的建设

稳健的金融体系离不开完善的信用体系和信用风险评价机制。信用数据与信用评级公司评分等信息被共享起来，利于中小型跨境电商的信用风险定价，促进大数据等分析工具在电商及其经营个人层面的信用评价中的应用，在反欺诈、催收、资产保全、放贷审核方面建立完善的打分机制，为P2P网络借贷平台提供准确的信用数据支持，建立并完善包括跨境电商经营者收入认证、学历认证、身份认证、信用报告、实地认证、央行征信系统等在内的信用评价指标，以及跨境电商企业的财务档案、银行信息、信用记录、纳税记录、海关数据等数据库系统，建立失信惩戒制度和失信责任人行业禁入制度，培养专门的中小型跨境电商及经营个人信用评级公司。

---

① 鄂立彬.跨境电子商务前沿与实践[M].北京：对外经济贸易大学出版社，2016：17.

（三）设置跨境电商网络借贷的准入标准和多层次监管

参照传统金融中介的监管标准，可以要求跨境电商网络借贷行业制定标准的资本要求、资本补充机制等重要量化指标和规范性制度，确保它们能够更加重视经营活动，做好经营管理，承担起风险责任。可以在注册资本等方面设置标准，若低于这一标准则不予考虑。

准入标准除上述内容，还应当对关键岗位的工作人员有一定要求，只有关键岗位的工作人员能够具备一定的能力和素质，才能表明该公司有应对风险的能力和基本保障。比如高级管理层等，他们必须要有较强的个人能力和素质，要能对风险进行有效辨别，要能及时作出有效反应，对风险进行管控，且具备丰富经验，从而有效提高对风险的辨别意识和承受能力。此外，还需要针对网络借贷平台的实际情况进行区别化的监管和对待。每一个网络借贷平台的类型不同，对风险的管控能力也存在差异。因此，要结合平台的实际情况进行区别化监管。对于风险管控能力相对较强且具备较好信誉的平台可以进行机构认定和转化；对于风险管控能力相对较差、有较高风险的平台，则可以及时给予预警或根据实际情况按照规定对其进行依法取缔。

三、提高我国移动支付商业生态系统的国际竞争力

（一）立足本国国情

良好的移动支付商业生态系统的形成通常基于一国的国情。美国受制于本国消费者几十年的信用卡支付习惯的影响，在美国境内推广新型移动支付方式并不顺利，美国移动支付市场主体纷纷实行全球战略以求反攻本土市场。凭借新的移动支付方案和技术，美国移动支付服务提供商、移动终端制造商等在全球都有不俗的表现，其不仅在全球移动支付市场上占据了重要位置，也影响着移动支付产业的发展。

丹麦之所以能较早形成较为完善的移动支付商业生态体系，得益于其本身传统支付体系的完善。除此之外，新的市场进入者，如 iZettle 和 PayPal 等的进入，为丹麦移动支付市场注入了新的活力。市场主体间的竞争与合作，不断促进

丹麦移动支付的技术进步、系统的完善，从而形成动态发展的移动支付商业生态系统。

我国在构建移动支付商业生态系统时需要立足我国现阶段的国情。我国消费者移动支付的支付习惯正在形成，移动支付相关的支付场景也在不断丰富，移动支付技术和用户体验都在改进和提升。市场主体需要在竞争与合作中明确自身的定位，做到各司其职并共同努力确定行业标准。我国针对移动支付行业的监管为我国移动支付的发展建立一个良好的社会环境，促进了具有中国特色的移动支付商业生态系统的形成。

（二）处理好对外开放与独立自主的关系

我国在构建移动支付商业生态系统时，应始终秉持开放的心态，坚持主导地位。移动支付的核心不应该是仅解决支付，更重要的是形成一个完整的"闭环"。在移动支付体系中，每个利益相关方看重的不仅仅是通过移动支付获得的利润，更关键的是企业由此获得其他途径难以获得的客户数据，更好地指导自身的商业战略与决策。技术提供商、运营商、制造商都能从这个"闭环"中获得自己需要的数据，从而更好地为自身服务，这就是移动支付带来的正外部效应。利用移动支付获得所需信息和数据，显然是市场参与者不断涌入移动支付体系的重要动力，而这恰恰也是移动支付产业的关键所在。

在国内市场，市场主体之间形成有效率的良性竞争，共同建立统一的行业标准，通过竞争与合作，使我国的移动支付行业朝着市场化的方向发展。在我国本土的移动支付市场参与者中，两到三家成长为如支付宝这样具有雄厚实力的企业。这些企业也就是未来我国移动支付商业生态系统中的骨干型企业。当然要成为移动支付商务生态系统中的核心，我国企业还需要提高自身的支付技术、优化消费者的支付体验，让支付更加安全，这样才能提升自身的竞争实力。只有我国本土的企业有了过硬的实力，才能不惧外来的挑战。

（三）"引进来"与"走出去"并举

我国移动支付商业生态系统未来的发展应该立足本国，放眼世界，坚持"引进来"与"走出去"并举。

丹麦对国外移动支付服务提供商的开放态度，使这些外国的移动支付产品和商业模式为丹麦移动支付的发展提供了新的动力，也一定程度上促进了丹麦传统移动服务提供商焕发新的活力。我国移动支付市场也有国外的移动支付服务提供商涌入，其丰富了我国消费者移动支付方案的选择。Apple Pay 通过与银联合作的方式，正式进入中国市场，这在一定程度上对我国非接触支付基础设备的更新和普及起到了推动作用。国内市场的竞争愈发激烈，也能促使我国的移动支付市场参与者在国内市场苦练基本功，通过不断优化消费者的支付体验，提高支付技术的安全性，丰富消费者的支付场景，提高自身的竞争实力。

我国的本土移动支付服务提供商应抓住我国进口跨境消费日趋国际化，以及出口跨境电商快速发展的契机，走向全世界，在世界移动支付生态系统中，谋求自己的位置。我国有实力的企业可以在世界市场上磨炼自己，以提升自身竞争力，

通过在世界市场上学习，弥补自身的不足，更好地为本国的消费者服务。同时，我国进出口跨境电商企业也将有机会为推动世界移动支付商业生态系统的发展贡献自己的力量。这样，移动支付行业，也将成为我国企业走出去，参与国际竞争的重要力量。我们相信，我国移动支付企业有这样的实力和潜力，能走得更好、更远。

（四）市场主体共同努力构建统一的行业标准

我国移动支付市场行业标准的确定，将对市场主体产生巨大的影响。因为行业标准一旦形成，市场主体的市场地位将会有新的洗牌，这带来的市场优势将是很难逆转的，所以当下的移动支付市场的竞争才如此激烈。

如今，我国移动支付领域的行业标准之争主要集中于支付宝、微信为代表的第三方移动支付的二维码与银联为代表的 NFC 技术之争。但通过合作，各方共同努力建立统一的行业标准的可能性依然存在。

移动支付行业标准的制定应该是市场参与者共同努力的结果。行业标准的统一不仅关系到市场参与的各方，也是整个移动支付商业生态系统得以稳定发展的基石。因此，我国移动支付的各主体需要深化合作，并共同努力尽早建立统一的行业标准。

第二节　网络技术在跨境电商物流中的创新应用

一、射频识别技术及应用

射频识别（Radio Frequency Identification，RFID）技术是 20 世纪 90 年代开始兴起的一种非接触式自动识别技术，该技术在世界范围内正被广泛应用。

（一）射频识别技术概述

射频识别技术是指通过空间耦合、借助射频信号实施信息的传递和识别的技术，是借助无线电波读写数据信息的有效技术手段。

射频识别技术具有非接触识别（识读距离可达几十米）、标签信息可改写、可识别高速运动物体、抗恶劣环境、保密性强、可同时识别多个识别对象等突出特点。目前，射频识别在物体跟踪方面已经得到广泛应用。

（二）射频识别系统的组成与原理

射频识别系统的组成相对较为复杂，会结合实际环境或应用目的进行组成和设计。一般而言，包含信号发射机、信号接收机、发射接收天线三部分。

1. 信号发射机（射频标签）

信号发射机并非只有单一存在形式，它会根据具体的应用需求和实际情况改变存在形式，以达到最终目的，其中，最有代表性的为标签形式。标签是对所需传输的信息进行储存的有效途径，且标签能够主动发射信息，是由储存器、天线、线圈等组成的低电集成电路。

2. 信号接收机（读写器）

在射频识别系统中，信号接收机也称为读写器。读写器一般由天线、射频模块、读写模块组成，能够为数据传输提供有效的渠道和途径。除此之外，读写器还有其他多种功能和特点，比如，更正功能等。

3. 发射接收天线

天线是发射和接收数据的重要装置，是连接阅读器和标签的重要组成部分。天线的工作效能受到具体形状、系统功率等多种因素的影响。因此，对天线进行有效设计，往往需要专业人员进行操作。

读写器能够借助天线发射射频信号，当标签置身于磁场时，能够通过物理作用获得所需能量，发射出自身所储存的信息，读写器能够第一时间对这些信息进行捕捉，经过解读后直接传输至计算机中。

（三）射频识别技术在跨境电商物流中的应用

射频识别的主要功能是提供配送任务以及配送的路线，其主要表现在货物出库、入库、盘点、网络物流跟踪以及物流退换货等流程上。系统信息也可以充分反映网络销售信息，给工作人员的实际工作提供有效支撑和帮助。仓库中的物品全部都带有电子标签，在出库之前需要进行验收，通过验收之后才可运出。结合系统所提供的具体线路进行物流发货，并根据线路进行运输，在中转站会带有读取器，能够及时记录货物运输的站点以及当前所处的位置，直到货物被运输到客户端。这一技术的应用能够有效提高工作效率，特别是在所需发货的数量较多的情况下，能够有效提高工作效率，减少配送过程中的成本和时间，提高物流速度，让客户以最快速度收到货物。

1. 入库

入库所包含的内容较多，包括确认进货单、分拣货物、物流信息更新等多个内容。射频识别系统的应用在一定程度上能够有效提高工作的准确度，减少了人工工作过程中可能存在的问题，有效提高工作效率，且能够使人力得到有效解放，减少人力成本，提高工作质量。同时，使用这一系统能够最大程度减少货物损耗，在一定程度上提高工作质量，有效控制入库过程中可能存在的问题及风险。

2. 出库

出库所囊括的业务项目与入库大致相同，但具体操作和要求与入库完全相反，在出库时，具体工作人员需要将货物的相关信息传输给运输部门的工作人员，确保货物能够安全从本库运输出去。在出货后，货物的相关信息也会及时在射频识别系统上进行添加和更新。

3. 物品盘点

物品盘点会浪费工作人员较多的时间，同时也需要较多的工作人员才能完成这一工作。通过应用射频识别技术能够有效解放劳动力，直接利用设备进行扫码检查能够快速、直接地获取相关信息，同时减少人工操作过程中可能导致的失误。射频识别系统还能够根据所获取的相关信息生成盘点报告，根据盘点报告能够及时发现在工作过程中可能存在的问题，便于进行解决，避免问题堆积影响后续工作的开展。

4. 网络物流跟踪

网络物流跟踪主要包括车载信息采集、GPS 卫星定位等。射频识别技术能够及时对货物信息进行随时随地的查询和确认，并及时将确认结果进行上传。若在确认过程中存在丢件或少件的情况，能够及时进行有效处理，最大程度确保货物安全，减少物流配送过程中可能存在的问题和隐患，提高风险控制能力。

5. 射频识别物流退换货

物流退换货是非常常见的事情，属逆向物流。通过射频识别系统能够及时与服务点进行沟通和联系，根据货物的具体情况和相关信息衡量和评估是否能够符合退换货的具体标准，以此来判断能否开展退换货服务。若客户选择退货，在符合退货标准的情况下，线上销售商会对所需退货的具体产品进行收集和结算，并按照相关规定实施退款，将客户所退还的货物运输到生产厂商。如果客户选择换货，需要对货款差价进行计算，将所需更换的货物收回厂商，按照客户的换货需求将所需交换的商品按照具体流程运送到客户处。

二、电子数据交换技术及应用

（一）电子数据交换的含义

电子数据交换（Electronic Data Interchange，EDI）是指采用标准化的格式，利用计算机网络进行业务数据的传输和处理。电子数据交换是通过计算机开展商务处理的全新方式方法，所囊括的信息包含各个行业、各个单位，如海关、贸易等，通过通信网络能够使各个部门、各个行业主体交换和获取相关数据，最终确保贸易的有效开展。电子数据交换也被称为电子贸易或无纸贸易。

（二）电子数据交换系统组成

电子交换系统主要由三部分组成。第一部分为数据标准化。电子交换系统所涉及的行业和部门较多，各行业和各部门之间想要实现信息交换和共享就必须建立标准化的数据格式，将本行业或本部门内部的相关数据通过交换标准进行转化，以便于后续的交换和共享。第二部分为硬软件设施。数据交换必须通过计算机数据处理系统才能得以实现，因此，必须配备必要的软件设施和硬件设施，为数据交换和共享奠定基础。第三部分为通信网络。通信网络是影响数据交换和共享效率、质量的重要因素，也是影响合作和交流的重要原因。在数据交换和共享过程中最为重要的是建立统一的交换标准，只有这样才能确保各个行业和各个部门之间的数据能够转化为统一可利用的格式，确保合作的有效开展。

1. 数据标准化

我国根据国际标准体系（UNEDIFACT 标准）和我国电子数据交换应用的实践以及未来一段时期的可能发展情况，制定了电子数据交换标准体系，以《EDI 系统标准化总体规范》（ZBBZH/DS）作为总体技术文件。

其中，最为重要的是单证标准化，包含信息描述、记载信息以及单证格式的标准化。目前我国已经制定和实施的单证标准主要包括装运声明、原产地证书等。信息内容的标准化涉及单证上哪些内容为必需的、哪些内容不是必需的。

2. 电子数据交换软件

电子数据交换软件主要包含以下三种：

第一种为格式转换软件。这类软件主要是基于应用程序进行优化和设计而成，往往由各个公司自行研究开发。由于各个公司所从事的具体经营项目不同，所开展的具体业务也存在差异，这就使得每个公司对单证格式的具体要求存在明显的区别性，只有各公司根据实际情况进行研究开发，才能更好地满足公司运营发展的需要。格式转换软件能够实现平面文件和单证格式之间的相互转化。

第二种为翻译软件。这类软件能够将交换标准报文和平面文件进行相互转化翻译。这类软件中含有一张翻译规则表，主要记载了在翻译过程中所需遵循的语法规则以及所对应的数据词典，根据这张表格进行有效翻译。在开展翻译时需要先进行格式转换，才能被翻译形成交换单据。

第三种为通信软件。这类软件主要是将交换标准格式文件以信的方式进行邮寄，以及从交换中心所收到的相关文件。

3. 电子数据交换硬件

硬件主要包含调制解调器、计算机等。数据在交换过程中必须借助通信网络才能实现。因此，当前在通信过程中往往选择电话网络的方式，而若想达到目的，要有调制解调器这一基本的设备。若无特殊要求往往采用电话线路来进行传输。若有特殊要求，如传输量等，可以选择专线来进行传输。

4. 通信网络

通信网络是电子数据交换的重要途径和有效方式。交换通信的途径有较多种类型，其中点对点是比较适合交换数据的主体数量相对较少的情形。一旦参与数据交换或贸易合作的主体数量增多，则不再适用点对点式的交换方式。主要是因为各公司在实际使用过程中所选择的计算机通信协议、厂家等都可能存在明显的区别，导致在数据交换过程中可能存在较大的难度。为了解决这一问题，大部分企业选择通过增值网络的途径来有效避免由于硬件设施等方面而带来的信息互通问题，提高电子数据交换的效率。

（三）电子数据交换技术在跨境电商物流过程中的应用

跨境电商企业需要处理报关、退税、商检、订单等一系列交易问题，多涉及电子数据交换技术的使用。目前，电子数据交换主要集中于确认货物送达、传递单证等环节和流程中，常见单证主要包括发票、对账单、托运单、交货确认单等。客户通过系统将合同托运单等相关数据传输到交换系统中，银行则将信用证等相关信息传输到交换系统中，通过系统及时向海关等相关部门传达货物所涉及的报关单等相关信息，向供应商传达采购订单等相关数据和信息，从而实现贸易过程中所涉及的各个主体之间的信息交换和互通。

电子数据交换标准目前还没有强制性的标准或国家的规范化要求，仅仅是在固定范围内相关企业之间共同沟通确定的标准。随着社会的不断发展，后续将会出台关于这方面的强制性政策或文件，在政策或文件出台落实后，只需要根据文件或政策的具体要求修改格式转化模块即可。

托运单是客户与物流公司之间进行交流和合作的重要凭据和有效单证，也是货物在运输过程中必不可少的重要材料，需要提供收件人、收件人的具体地址等相关信息。客户会通过网络发送传真或邮件来传递托运单，客户在填写托运单信息时可以直接参照规范模板进行填写，以提高信息传输效率，在填写完毕后通过网络发送至物流公司即可。有些物流公司通常设有官方网站，客户可直接在官方网站填写托运单信息。

客户部在收到托运单后，可以结合相关数据和信息，按照公司内部的具体规定和要求，转换形成业务单，将业务单传递给业务部。业务部则需根据自身职责和具体要求，将业务单中的相关数据进行填写和整合，制作运单，将其转递给运作部，运作部需要根据运单的实际情况安排货物出库和物流，需要根据运单的实际信息选择合适的车辆和具体线路，确保货物能够及时运送至收货人。收货人收到货后，业务部即能收到返回回单，再与财务部进行交接。财务部根据业务部所提供的相关数据和材料与客户进行对接和沟通，完成财务核算，主要包括发票、扣款单、对账单等。这一流程中所涉及的所有单据都可以直接转化为 Excel 表格，做好留存工作作为业务梳理和汇总的重要数据，也能便于与客户之间的沟通和对接。

三、地理信息系统及应用

（一）地理信息系统含义

地理信息系统（Geographical Information System，GIS）是指由计算机软硬件环境、地理空间数据、系统维护和使用人员四部分组成的空间信息系统，可对整个或部分地球表面（包括大气层）空间中有关地理分布数据进行采集、存储、管理、运算、分析、显示和描述。地理信息系统综合多个学科的专业知识，以空间数据作为重要基础，通过地理模型分析的方式，对动态和空间地理信息进行传输，是开展地理研究并制定相关决策的计算机技术系统。地理信息系统的主要属性和功能是将表格型的数据通过系统转变为地理图形，对所呈现的结果进行分析。其囊括的显示范围非常广泛，从洲际到街区，所有的运输线路、人口分布情况等都能够呈现出来。

（二）地理信息系统在跨境电商物流中的应用

跨境电商的飞速发展取得了令人欣喜的成果，但不可否认，其当前的发展都离不开传统物流，而地理信息系统则能对传统物流产生较大的影响，特别是在理念、运行方式等方面，能够使传统物流发生深刻性变化，使其更具有智能化、自动化等特点，更符合当前社会的发展需求，更能满足跨境电商的发展需要，为跨境电商的进一步发展和转型提供强有力的支撑。

地理信息系统的数据管理能力较强，尤其是配备了定位系统，能够将信息进行分解，也可以对信息进行复核，从而呈现出更有参考价值的综合信息，能够为各项工作的具体决策和部署提供良好的数据支持，这也是有别于其他系统的重要特点。

1. 交通路线的选择

跨境电商物流管理中非常重要的内容就是货物的运输和移动，在这一过程中耗费了较多的存储成本和运输成本。对于企业而言，想要降低成本支出、提高经济收益就要加强对运输线路的选择以及对运输方式的选择。运输和移动将直接影响在存储和运输过程中所需耗费的成本，也将直接影响跨境电商在经营过程中的利益收入。而这部分内容恰恰是地理信息系统的优势所在。在选择最为合适的运输路径时，首先应当考虑其影响因素，如拥堵程度、几何距离等，通过层次分析的方式，确定每种选择所得到的权值。运输路径往往包含三种情形：第一种为起始地点为固定地点，确定两者之间的最佳路径；第二种起始地点为固定地点，终止地点为多个地点，在这种情况下所选择的行驶路线以及所分配的车辆情况；第三种为起始地点和终止地点分别为多个地点，在这种情形下选择最优路径进行配对。

前两种情形可以通过 Dijkstra（迪克斯特拉）算法实现。第三种情形可以通过 Dijkstra 算法结合基于运筹学的运输模型得以实现。在确定最佳路径的前提下，结合目前的车辆设置和安排情况对车辆进行安排。

2. 车辆运输动态管理

全球定位系统（Global Positioning System，GPS）是一项应用较为广泛的高科技系统，特别是在物流等领域已经有非常深入的应用，比如，可以通过 GPS 系统对运输货物的汽车进行实时定位，了解车辆的运输情况和所处位置，便于及时进行调度，也能有效确保及时把货物运输到目的地。此外，还可以了解铁路及空中等运输方式下，货物的位置信息等情况，有效提高供应链的整体运输水平，确保服务质量，吸引更多客户，提高客户黏度，提升物流效益。地理信息系统能够与 GPS 系统相互链接，接收后者的相关数据，并在地图中进行呈现，从而有效加强物流管理提高企业的管理水平。

四、GPS 系统及应用

（一）GPS 系统含义

GPS 系统是美国研究建立并实际控制的定位及导航系统，主要由美国的一组卫星提供相关数据，所涵盖的范围大致整个地球，且能够 24 小时提供持续服务，定位数据具有较高精确度。该系统能够在海陆空三个维度开展定位和导航。

GPS 系统于 1973 年 11 月开始研制，到 1994 年 7 月全部研制完成，耗资 300 多亿美元。2000 年 5 月 1 日，美国政府取消对 GPS 系统的保护政策，向全世界用户免费开放。

（二）GPS 系统的组成

GPS 系统由三部分组成：空间星座部分、地面监控部分和用户设备部分。

1. 空间星座部分

GPS 系统的空间部分由 24 颗工作卫星组成，它位于距地表 20 200 千米的上空，均匀分布在 6 个轨道面上（每个轨道面 4 颗），轨道平面相对于赤道平面的倾角为 55°，各轨道平面之间的夹角为 60°。此外，还有 3 颗备用卫星在轨道运行。在这种情况下，无论何时、无论何地都可以观测到 4 颗以上卫星，从而有效确保集合图像更加精准，持续性地为导航提供有效服务。

2. 地面监控部分

地面监控主要包含三部分，分别是：地面控制站，数量保持在 3 个；全球监测站，数量相对较多，控制在 5 个；主控站，这一组成部分不需要太多数量，要体现主控的作用和集成性，往往只有 1 个。监测站包含接收机和铯钟。监测站主要负责对可见卫星进行测量，能够获得气象数据、电离层等相关数据，在该站中对数据进行简单分析和处理，将处理结果传至主控站。主控站主要负责对数据进行收集和汇总，结合所收集到的相关数据分析铯钟参数，分析卫星轨道信息，将分析结果传至地面控制站。当卫星运行至地面控制站的上方时，需要在双方之间传输数据，主要包含主控站所发出的指令和导航数据。这种信息传输频率保持在一天一次以上，当卫星运行即将超出作用范围时，需要再进行最后的信息传递。主要是为了预防特殊情况的发生，比如地面站存在意外情况无法按时传递信息，之前预存的信息也能再继续发挥作用，尽量保证导航精度。

3. 用户设备部分

用户设备部分是指 GPS 系统信号接收机，主要是对待测卫星进行捕获，并持续进行跟踪。通过所捕获的信号能够计算卫星和接收天线之间的伪距离及距离变化率，从而获得卫星轨道参数等相关信息。结合相关信息，能够计算定位，确定所处的实际位置，包含高度、经纬度等。

（三）GPS 系统在跨境电商物流领域的应用

GPS 系统在跨境电商物流领域可应用于汽车自定位、跟踪调度以及铁路、船舶运输等方面的管理。

1. 在汽车自定位、跟踪调度方面的应用

借助 GPS 系统能够实时了解和掌握汽车的地理位置等信息，进而掌握货物的相关信息，根据实际情况，对其进行调度和安排。

2. 在铁路、船舶运输方面的管理

随着"一带一路"倡议的提出，中国与共建国家的经济贸易量将会大幅增长，

而对于商品的可视化管理将成为消费者和供应商关注的重点。借助 GPS 系统能够了解全航线的集装箱、船只等的相关信息，及时掌握货物运输状况。当需要查询某一货物的运输情况时，只需掌握运输车辆的型号等信息，即能掌握该运输车辆的具体信息，包括运载量、当前所处位置、运输线路等。GPS 系统能够有效提升运营的透明度，提高服务效率和质量。

第三节　区块链技术在跨境电商中的应用

一、区块链技术在跨境电商产品溯源中的应用

（一）区块链技术在跨境电商产品溯源中的应用路径

1. 物流信息溯源

物流信息溯源的重要基础为区块链技术，想要加强信息溯源就必须完善设施建设，提供必要的基础设施，同时加强对优质人才的培养，提供素质较强、综合能力较高的优秀人才，推动物流企业发展，打造典型企业和代表企业。跨境电商产品在运输过程中往往通过两种途径来进行运输，分别为国际快递和跨境物流专线这两种方式。借助区块链技术能够有效打造综合平台，围绕跨境物流运输作为重要内容和核心要素，对物流信息进行有效储存，包括起始地址、中转过程中所涉及的相关信息以及订单编号等。区块链技术最为显著的优势和最为重要的特点为去中心化，能够对所需储存的信息进行分布式存储，各区块之间可以对本范围之内的物流信息进行储存，用户可以通过平台对物流信息的完整信息和全部信息进行有效查询，从而有效溯源。在信息资源中这一技术通过打造安全物流运营体系，将物流信息作为其重要的数据储存点，不断优化，选择更为科学和合理的运输线路。这一技术的应用能够有效提高运输效率和质量，避免丢件，一旦在运输过程中存在问题可以通过这一技术对信息进行追溯，进而明确哪一流程或哪一环节应当承担起责任，进而落实到具体责任人。在这一技术的应用过程中各个区块之间分别储存相关的物流数据，通过公开和共享能够有效确保物流信息整体溯源有效达成。建立更加规范和一致的区块，扩大其范围，增加数据容量，能够有效提高信息溯源的水平和质量。

2. 产品质量问题溯源

产品质量问题是跨境电商交易过程中不可忽视的重要问题，也是影响跨境电商发展的重要因素。区块链技术的应用能够有效实现对产品的全过程溯源，确保消费者能够对产品的全过程信息都有详细了解，或者借助这一技术建立更加科学

合理的质量标准，提高对产品的质量要求，从根本上提高产品质量。为了更好地对产品全过程进行记录和定位，让消费者能够对产品信息有更全面的了解，可以建立产品平台，分区块对信息进行储存，使产品从生产到市场流通等全过程、各个环节的信息都能得到有效储存和公开，让消费者在决定购买之前借助这一平台和技术加强对相关数据的了解和分析，通过整合所看到的相关信息判断产品质量问题是否合格、决定是否应当购买。这个技术具有明显的去中心化和透明化的特点，一旦存在问题可以借助这一技术分析产生问题的原因，找出问题所在的环节，进而促使各个环节加强管理，最大程度确保产品质量。

3. 知识产权保护

通过区块链技术可以对电商品牌进行有效溯源，借助品牌信息、专利识别等手段，明确知识产权。

在这个技术的应用下，数据信息无法被篡改，能够有效加强品牌保护，建立良好的市场环境，有效保障消费者的合法权益，提高消费者的认可度和信赖度，也能在一定程度上确保跨境电商拥有更好的竞争环境和氛围，提高品牌影响力和形象。

（二）区块链技术促进产品溯源建议

应用和推广区块链技术需要考虑以下几方面：

1. 防伪体系建设

要积极应用区块链技术，加强出厂信息溯源，建立防伪体系，研究和应用防伪技术，进一步加强管理。在应用区块链技术时，可以通过增设区块防伪标识的途径，提高防伪数据的科学性，借助区块信息，加强对数据的汇总和整合，特别是产品在进入市场前后所产生的相关数据进行有效收集和汇总，进而建立更加科学合理的溯源防伪体系。跨境电商在销售过程中需要在区块中上传相关材料，具体包括自身所具备的销售方面的相关资质，所建立和拥有的软硬件设施和条件，同时也需上传产品相关信息，包括生产配方等，中间机构则主要负责对所上传的信息进行查阅和审核，若在检查过程中发现产品的相关信息不存在问题，符合相关标准和要求、能够有效溯源，则可以通过添加防伪标识的方式进行质量保障。

在防伪体系建设中，需要将产品从生产至销售的整个流程的相关数据和信息进行有效汇总和记录。

2. 技术联盟组建

想要加强技术联盟的推广和应用，应联合各个部门和主体为这类技术的应用提供有效支持。想要有效提高这一技术的完善性和应用性，就必须加强企业之间的合作和交流，要整合企业的技术力量，通过组建联盟，更好提高技术支持，针对区块链技术在应用过程中存在的问题和不足进行分析和优化，提高数据公开性和共享性，培养更多优质人才。技术联盟需要囊括各个主体和各个部门，包括行业协会、电商企业、技术部门等，只有凝聚各方面的力量才能更好地提高这一技术的研究和创新，才能更好推动溯源统一标准的建立和健全，进而提供优质服务。

3. 技术应用监管

区块链技术的应用前景不可限量，在溯源方面势必发挥不可替代的作用。想要提升区块链技术的应用和推广，除了要加强对技术的研究和开发外，还应当建立与之匹配的管理体系，通过管理有效确保这一技术能够朝正向、积极的方向发展，能够更加规范化和合理化。对区块链技术加强监管，需要有专门的监管部门，这一监管部门需要具备较高的能力和素质，能够做到公正客观。监管部门在对区块链技术的应用进行监管时，也需要对行业内关于这一内容的监管规则进行审视和优化，有效确保这一技术的科学发展。

二、区块链技术在跨境电商支付中的应用

（一）区块链技术应用于跨境支付的优势

1. 区块链的去中心化减少交易成本

区块链技术的应用能够有效降低交易成本，缩减中间环节，减少中间环节所产生的手续费用，且能够借助这一技术有效提高金钱交易的安全性和可靠性，有效提高交易效率，进而降低企业可能承担的风险，提高资金利用效率。目前已经有企业充分重视并投入研发，围绕区块链技术搭建交易平台，营造更加科技化、

安全性的电子商务生态系统，将跨境交易所涉及的各个主体都融入这一平台和系统中，使各项交易能够更加高效快捷开展。区块链技术的应用有效降低了跨境交易主体对中间机构的依赖性，减少了在当地开设机构和账户的情形，这本身就能节省部分人力和物力，且借助这一技术的清算网络能够有效降低支付成本和门槛，降低交易成本。

2. 改善拒付、虚假交易问题

区块链技术的应用能够有效提高支付安全性，区块链充分借助密钥技术提高支付的可靠性，只要消费者能够保管好自身的私钥，在交易过程中就能极大降低资金被盗等问题所发生的概率，提高支付安全性。由于分布式记账的属性和特点使得交易透明度极大增强，交易者无法在这种情况和环境下进行篡改，因此极大降低了拒付的发生概率。一旦支付数字货币则不能对支付进行撤销，从而提高交易成功率，避免因为其他因素使交易失败，影响双方的利益。

3. 降低结汇成本、加快资金回收

通过借助区块链技术，能够构建结汇平台，使各个主体能够更加快速高效地完成结算和清算，有效提高资金利用效率，降低经营风险。银行之间的交易能够更加直接，不需要通过第三方进行中转，不仅能够有效减少中间环节，还能有效确保实时到账，提高支付的便捷性。

（二）政府对区块链在跨境支付的监管和对策

1. 政策引导和监管

2014 年 9 月，多个部门曾联合发布《关于防范代币发行融资风险的公告》。在这一公告中，明确规定禁止虚拟货币，禁止代币交易买卖。之所以出台这一规定，主要是为了规避比特币可能带来的风险，而比特币是区块链技术发展过程中的产物。对于区块链数字资产交易所，在监管层面目前还没有明确的措施和指令。各地政府对于区块链技术的应用持开放态度，也出台相关措施积极推动这一技术在各个行业中的有效发展。比如广东出台硬性支持政策，大力加强对区块链技术的支持，在各个环节予以扶持，有效推动广东地区区块链数字经济的有效发展。

2. 培养区块链技术人员

想要推动区块链技术的发展，就要提供优质的技术人才。这部分人才必须要对金融方面的知识有深刻理解和把握，且具备较强的软件开发能力。只有这样才能更好地满足这一技术的发展需要。当前，国内银行对这一技术的发展持支持态度，并积极进行开发和研究，例如，招商银行曾基于这一技术研究应用了对账交易系统，有效提高了单据传递和审批效率。这一系统的发展正是依托于优秀的技术人员。

3. 依靠跨境电商行业、大学、研究院等力量

当前国际环境较为开明，国家和社会层面对区块链技术的发展也持认可和支持态度。虽然明确禁止 ICO，但对纯粹的区块链技术依旧持支持和认可的态度。在这种发展环境和背景下，各组织、各院校充分利用自身资源和优势，加强技术研究。比如大龙网作为 B2B 跨境电商平台的重要代表和典型，希望基于这一技术研究规范性的电商平台，使进出口企业能够在这一平台中更好开展交易，最大可能减少进出口商交易过程中存在的平台障碍问题，提高交易各个环节的效率。

第四节　跨境电商平台与企业模式的创新

一、跨境电商平台模式的创新

（一）信息展示平台到交易平台的转型

电商 1.0 时代，阿里巴巴 B2B 网站作为信息平台，给外贸企业提供了产品展示的机会和渠道，使外贸企业获得了相关信息，展示了相关产品。但在电商 2.0 时代，B2B 网站若仅仅满足信息交流这一功能，势必不能满足时代发展的需要，也不能更好吸引外资企业。

电商 2.0 时代，B2B 网站要从信息互通平台逐渐转变身份，向交易平台发展。比如，阿里巴巴在 2015 年所提出的信保产品正是这一转变的典型代表，也充分展示了阿里巴巴的发展前瞻性。信保产品是阿里巴巴作为具有较好品牌形象和较强实力的优质平台，为交易双方提供权益担保，让交易双方能够更加安心地利用这一平台开展交易。目前阿里巴巴国际站正处于转型升级的关键时期，要加强顶层设计，结合所处发展阶段和未来发展目标，优化组织结构，制定更加科学合理的市场策略。

在自贸试验区跨境电商交易平台上，零售电商对各企业的跨境商品要经过严格的查验，并且所有商品在跨境电商平台上都明确标明商品价格、关税以及邮费。跨境电商交易平台与仓储、支付、物流等相关企业开展信息交流，也依托电子口岸信息平台对接公共信息服务平台，加强与海关等相关部门的信息交流和共享。在消费者购买跨境商品后，跨境电商平台将对每样跨境商品进行实时追踪，让消费者能够及时获取商品定位、检验、通关、税收等信息，使跨境交易更加透明化和公开化。

（二）大数据为交易平台赋能

对于阿里巴巴平台而言，成为交易平台并非其奋斗的最终目标，而是转型升级过程中的重要转折点，根本目的是充分挖掘数据价值。阿里巴巴创始人认为数据在当前时代是非常重要的资源，谁能够掌握数据所蕴含的能量谁就能在当前时代抢占市场高地。在传统的交易模式下，线下交易过程中所产生的相关数据是无法收集和积累的，但在线上交易却可以将交易过程中的相关数据进行收集和汇总，进而对数据进行分析和挖掘，将其转化为财富。"对企业来说，数据将是一个最大的金矿。"[①] 金矿的价值主要表现在两方面：一是商家能够通过挖掘和分析数据从中找到更多创造经济收益的机会，也能更好地对客户进行分析和了解，提高对客户的吸引力，增强客户黏度；二是能够将数据转化为提高金融、物流等方面服务能力和水平的有效支撑，推动企业更好发展。

通过大数据来反哺网站上的买卖双方以及第三方等各个相关者，将是未来一段时间内 B2B 网站的发展趋势，这可以称为电商的 3.0 时代。电商 3.0 时代，阿里巴巴国际站对客户的核心价值将体现在"快、准、省"三大方面。

随着平台交易模式的不断发展和升级，阿里巴巴网站已经开始规划将一达通外贸综合服务平台和信保产品在全世界范围之内进行推广，将阿里巴巴目前所积累的信誉和拥有的实力作为有效支撑，为卖家背书，增强消费者的信赖感。电商 3.0 时代无疑将极大增强交易过程中各个环节的透明度，商家更加在意的成本或交易环节等各方面的问题已不再成为其痛点，反而信息安全问题将取代这些问题成为首要问题和突出问题。首先，阿里巴巴在运营过程中始终坚持和突出公平、透明、开放的基本准则，阿里巴巴拥有强有力的技术支持和资金支持，能够有实力确保交易的有效开展，确保数据的安全性。任何变革都需要经历时间，都会伴随着风险，但同时机遇一定与风险共存，率先投入到变革中的商家势必能够更快感受变革所带来的好处，捕捉变革所带来的机遇。阿里巴巴所创建的交易平台为各个地区和国家的商家提供了展示自我的渠道和舞台，当商家登上这一舞台便会发现通过阿里巴巴这一优质平台能够发现更多商机，能够为自身发展提供有力支撑。从平台的属性和定义来看，国际站并不负责自营业务，转型升级的本质是通过搭建"互联网+外贸"的基础设施，从而建设"外贸生态圈+交易大数据"，进而为中小企业的发展提供有力支持。

在当前大数据发展模式下，阿里巴巴国际站在发展过程中最需迈出的一步也

---

① 戴明华，马择陆，范晓男.大数据背景下跨境电商发展模式研究 [J].电子商务，2017（5）：10-11，55.

是最为重要的一步是平台交易化，这是阿里巴巴实现长远目标和最终目标的重要途径。在外贸大数据时代真正来临之前，阿里巴巴必须抓住机遇，完成转型升级，成长为交易型平台，并尽可能获取更多市场份额，获得更强的市场影响力。

二、跨境电商企业模式的创新

数据最为重要也最为突出的特征是全体性思维，而非样本思维，大数据所分析的对象是所有数据，从这些数据中提取有价值的点。跨境电商和大数据之间的紧密结合在当前时代更加注重和突出基于柔性化生产和个性化定制的供应链结合。当前越来越多的人重视大数据，其实根本点并不在于其囊括的数量之多或涵盖的范围之广，而在于谁能够通过对这些数据进行分析和加工创造收益价值。跨境电商若想真正发挥大数据所具有的价值和意义，就必须有商业性、科学性的领导，结合大数据的支持作用制定更具有前瞻性和科学性的决策。

（一）按需定制模式

大数据时代，电商更加注重满足消费者的个性化需求，实现按需定制。这一模式具备三个非常重要的属性和特征：

第一，通过移动端、平台等多种途径对消费者的各项信息进行收集，结合现阶段的分析技术对所收集的数据进行汇总和分析，进而确保电商企业能了解消费者的实际情况和具体需求，为制定针对性的服务或产品奠定良好基础。

第二，了解和掌握消费者可能存在的潜在需求，结合其偏好进行有针对性的定制服务。

第三，加强与相关企业的沟通和联系，了解对方的实际情况，开展有效合作，共同开发针对性的产品和服务，更好满足消费者的实际需求。

按需定制模式目前还处在初步发展阶段，但随着社会的不断发展和技术的不断更新，未来这一模式将会受到更多肯定和更广泛的应用，从而更好满足消费者需求。按需定制模式是非常高效高质的营销方式，能够帮助企业获得更大利益。借助云技术等相关技术手段能够使电商企业所制定的营销策划更具有针对性和科学性，进而使企业获得更多收益。比如大数据技术能够对每一位消费者的实际情况进行分析，掌握消费者的偏好，结合实际情况对广告进行投放，能够有效提高广告的影响效率和推广效率，也能更好满足消费者的需求。

（二）线上线下结合模式

跨境电子商务的价值链包含虚拟价值链和实体价值链两种。

在当前时代，虚拟价值链的地位逐渐提高，已经超过实体价值链，由此导致实体贸易的地位受到冲击，对外贸易的资源逐渐倾向于虚拟化。对外贸易实体企业和跨境电商也通过线上和线下途径进行了紧密结合，这一结合模式会随着时间的推移而呈现出不同阶段，不同阶段则会具有不同的特点和效果。第一阶段是初步结合阶段。跨境电商平台和移动终端等开展紧密结合。第二阶段为深度融合阶段。随着第一阶段的不断发展为第二阶段奠定了良好基础，也使消费者在潜移默化的影响下逐渐转变消费习惯，越来越感受到线上消费所能带来的便捷性和高效性，在消费时更加倾向于选择线上方式。第三阶段为全面融合阶段。在这一阶段消费者的消费习惯和生活习惯得到了极大程度的改变，电商企业也逐渐适应这一阶段所呈现的特点和所处的经济环境，通过碎片化的方式来对企业进行经营和管理，进而更好提高服务效果，获得消费者信赖。对于任何一个企业而言，想要抢占市场高地、获得市场竞争力就必须俘获消费者的心，只有提供更好的服务体验、获得消费者的信赖和认可，才能拥有发展的动力和潜力。提高用户体验也需要充分借助和应用大数据。数据服务公司应运而生，通过对数据进行分析为跨境电商企业提供有效的数据支撑，帮助跨境电商企业更好获得消费者的信赖和认可。比如 E 店宝就是如此。E 店宝的 CEO 陈涛说，"在整个跨境电商甚至是电子商务行业，有一半的企业都在使用我们的产品"[1]，该企业的服务目的就是在于帮助客户搭建专属的数据中心。

---

[1] 戴明华，马择陆，范晓男. 大数据背景下跨境电商发展模式研究 [J]. 电子商务，2017（5）：10−11，55.

第四章　跨境电商人才培养的现状

本章为跨境电商人才培养的现状，包括二部分：跨境电商人员必备的职业道德与修养、跨境电商的人才需求与人才队伍保障机制。

第一节　跨境电商人员必备的职业道德与修养

"职业道德是在限定职能履行范畴人群需要严格遵守的行为举止规范的归总。"[①]跨境电商从业人员的职业道德是对跨境电商从业人员在职业活动中的行为规范。在新的发展环境下，跨境电商领域从业者的职业道德素质成为最重要的竞争力。这种素质展露在对职守担当的明晰洞察，对行业规范的严格恪守，对职业情怀的深挚蕴蓄以及职能才干的逐步增益，是跨境电商从业人员职业活动的指南，也是跨境电商从业人员自我完善的必要条件。

一、遵循职业道德规范

跨境电商从业者的职业道德约束表现在以下几个关键领域：

（一）克尽厥职，贯彻始终

跨境电商领域的从业者应当忠实履行各项职责，积极主动地协助客户完成各项工作。作为这一行业的从业者，其应具备坚定的职业信念和强烈的使命感，恪守准则，聚焦精神文明的构建，坚决抵制不良理念和作风。各行业的从业者都应热爱本职工作，这是职业道德的基本准则。

（二）务实革新、勤勉耕耘

跨境电商的职业本质要求从业者不但在理论上有所精通，还需实践务实。基于跨境电商领域举办多样活动，务实肯干、勤奋努力、兢兢业业；随时待命，并能迅速投入工作。在繁重且严谨的工作中，展现出坚韧不拔、甘于奉献的精神，甚至在必要时能舍身忘我。

（三）虚怀若谷、正己守道

跨境电商从业者需要秉持不矜不伐的态度，公平公正地处理事务，对待领导和群众都应不偏不倚。避免因个人喜好或偏见而产生轻视，更不应巴高望上。只有心胸宽广、充满活力的跨境电商从业者，才能在工作中展现出平正端方的良好品质。

[①] 郗丙义.人生与道德 [M].北京：经济科学出版社，1998：12.

（四）遵纪守法、廉洁奉公

在跨境电商的职责事务中，忠诚履职与廉洁自守是不可或缺的品质。坚定遵循与职业行为相关的法纪法规和职业纪律以及商业伦理是每个跨境电商从业者的使命，而秉持廉洁与公正，也成为其在履行职责过程中所需遵循的道德规范与行为准则。在职能履行时，跨境电商从业者需要坚守原则，不擅用职权攫取私利。务必将国家与人民的利益置于首位，倾心奉献，不受功利诱惑，确保跨境电商职能履行的正常进行的同时，表现出高尚的道德情操。

（五）恪守信用、严守机密

跨境电商从业人员必须恪守信用，维护企业的商业信用，维护自己的个人信用。要遵守诺言，遵守时间；言必信，行必果。严守机密是跨境电商从业人员的重要素质。

（六）实事求是、端正思想

跨境电商从业者应秉持求真务实的工作态度，以事实为依据，将理论与实践紧密结合。在资讯归纳、观念供给、书文撰写方面，都应该心怀公正，遵循脚踏实地的原则。

（七）提升自我、勤奋学习

跨境电商从业人员要求有广博的知识，做一个"通才"和"杂家"。跨境电商从业人员对自身素质的要求应更严格、更全面，甚至更苛刻一些。基于此，跨境电商从业者必须努力提高自身的观念品质和职业能力，同时还要刻苦自励、笃志好学。

二、拥有良好的职业习惯

杰克·霍吉在其作品《习惯的力量》中提到，习惯是一种生活日常、行为方式的规律，具有繁复性和不自觉性，通常经历不断重复单一行为而产生。杰出的职业素养在专业化团队构建过程中起着至关重要的作用，是个人在长期从事某种职业过程中养成的具有鲜明职能亮点的言行体现。

据调查，习惯与惯性占据了我们生活行动的百分之九十。大部分时候，我们在日常所展现出的行为是被习惯驱使的无意识反应。这些惯性在一天之内上演着几百次的反复，如晨起规律、洗浴方式、个人清洁、衣着风格、餐饮习性以及驾车规范等，一旦形成，较难更改。因此，我们应该致力于培养优质的职业惯性。

根据跨境电商行业的性质和特点，我们将跨境电商所需的职业习惯分为职场心态习惯、职场思维习惯和职场行为习惯。

（一）保持良好的职场心态

良好的心态包括自信乐观、敬业心态、满怀热忱、务实踏实、感恩付出、合作双赢等。

1. 乐在工作

乐在工作才能有所成就。兴趣是无声的导师，永远是我们学习的引路人。在工作领域，"热门"只是时代潮流，但"乐门"可以称为动力源泉。当一个人对本身的职业怀有无尽的热爱时，其全身心都会沉浸其中，自主性、创新力和潜心精神都得以充分展示，事业成果自然效能显著。

应培养快乐的心态。深挖个体优势，洞察自我本性，了解擅长精通的领域并乐在其中地开展工作。

2. 自信乐观

"自信力对事业具有深远影响，对专业领域人才而言，自信更是不可或缺的质素修养。有了它，你们的才智就可以取之不尽，用之不竭。"① 当我们笃定地认准自身能战胜一切挑战时，自然而然地会积极寻找达成目标的方法，进而勇往直前。拥有自励能力的人，不仅能突破设定的高维度标准，在遭遇失败时，也能从中看到希望的曙光。要树立自信的心境，可以尝试镜子疗法。面对镜子，身体垂直，凝视双目。反复深呼吸，感受自己的能量与心力悄然衍生。笃定自己会心想事成，并坚定地说出口。可以在早晚各进行一次积极训练，将热爱的标语置于镜子边，方便看到，这能很好地提升一个人的自信心。

---

① 化保力. 能力是干出来的 [M]. 北京：中华工商联合出版社，2019：7.

3. 敬业心态

尽职的职工是企业所依赖的核心力量，其恪尽职守表现在全心全意、尽职尽责地投入工作中。要达到敬业的标准，就要身居职位，当图其事；全力以赴，力求卓越地完成工作任务；坚定信念，深信机遇无处不在，热爱所从事的职业，专注并精通所在领域。

4. 满怀热忱

热忱是工作的灵魂，倘若成功存在妙法，热忱便为最贴近之路。当个体投身于职业之中，若能奉献如火焰般的炽热情感，并充分激发自身独特之处，即便所从事的职业较为普通，亦能成为职场中的佼佼者。

体能活动是增强热忱的基础。置身于真诚的群体，与他人握手时要坚定，同时声音充满力量，并积极展示输出正能量。用希望来激励自己，深入了解，挖掘兴趣，自我激励，用行动激发热忱。

5. 务实踏实

秉持稳中求进的理念，方能在竞争中凸显长处。"追求过高过快可能导致冲动行事，而踏实稳健的态度则有利于实现长远发展。"[1] 夯实心态培养，不要相信运气会从天而降。美国哲学家爱默生曾指出："仅浅陋之辈才会偏信运气，而坚定者则笃信凡事皆有因可循，世间万物皆遵循特定规律。"[2]

6. 感恩付出

感恩引领我们主动投入职业建设。无论何种职业，不可避免地会遭遇各种挑战，然而，我们也将获取诸多珍贵的体验与资历，如从错误中吸取教训、体验自我进步的快乐、与同事建立和谐的职场关系、宝贵的给予我们合作机会的客户，都是我们未来事业有成的因素。秉持感恩之心步入职场，深刻领悟"感恩塑造人生"的真谛，全心投入工作，力求卓越，必将收获满满。感恩之心使我们珍视每份工作机会，激发进取精神，竭尽全力完成使命，彰显自身的工作才能与专业风范。培养感恩习惯首先应避免将时间耗费在抱怨之上。每日花费短暂时间，真挚地感激所从事的职业以及所在的企业。相应地，对工作岗位应持有珍视之情，明

---

① 杨佩昌.立业先立人 立人先立德 [M].北京：新世界出版社，2011：45.

② 李尚隆.胜在习惯：建立个人系统的 21 个关键 [M].北京：东方出版社，2009：12-13.

了其对个人之裨益。心态须保持常新，即使在工作上取得了卓越的成果，也应对他人的支持与协助保持感激。

7. 双赢合作

在职业生涯的征途中，薪资并非唯一的追求。相反，经验的积淀、能力的锤炼以及成长契机的把握，这些要素的重要性更加重要。只有公司和员工双方都得到保障，这才叫双赢。养成双赢思维，摒除为他人付出的观念，以自我激励的精神投入工作，认可个人职业价值，深入理解薪资以外的工作内涵，分析失业可能带来的影响。唯有如此，我们才能在职场中稳定立足，赢得更为丰富的生活回馈。

（二）拥有良好的职场思维

职场思维习惯包括认真专注、创新改变、条理清晰、注重细节、整合利用、适时修正。

1. 认真专注

一个在职业道路上稳定前行的人，其专业知识和业务技能必定是通过长时间的积累与沉淀而来的。当我们涉足某一新兴产业或加入一家公司时，必然会经历一段适时应务的阶段。获得委任或晋升之机会，绝非一蹴而就。

应专注思维训练。一段时间内只做好一件事，循序渐进地完成任务，在复杂多变的工作环境中，始终保持清晰的思维，致力于将各项任务做到极致，力求完美。

2. 创新改变

创新是推动自身发展的唯一动力，只有坚定不移地追求创新，持续不断地发掘新思维，我们才能够在工作中不断进步。

3. 条理清晰

有条不紊就是效率，讲顺序是一种理性。高效的工作方法对于成功至关重要。通过理智地规划和管理时间，我们能够更有效地组织和完成各项任务。在处理繁重的工作时，保持思维清晰和有条理至关重要，根据任务的紧迫性和重要性进行分类，然后按照优先级顺序逐一完成。此举有助于避免混乱和拖延现象，提升工作效率，从而使我们在工作中更加游刃有余。

清晰思维训练，每天制订一份工作计划表。

4. 注重细节

在精细化的时代背景下，细微之处已逐渐成为决定胜负的关键要素。所涉及的事务无关大小，细节均是展现竞争力的核心所在。

忽略细节，会造成不同程度的影响或损失。在小节上用心，将在大事上成功。对细节关注，能见别人所未见，能做别人所不能做，对事物的细致观察，能发现他人忽略的真相，也能让我们具备超越他人的能力。

要注重细节思维训练。不要忽视职场上的每一个细节，养成注重细节的习惯。

5. 整合利用

不存在完美的个人，唯有卓越的团队，擅长协同作战，善于发掘及运用他者的优势资源，汇聚众人之长，方能恒久稳定。倘若无法协同共进，便难寻发展之道，合作对于提高个人工作效率具有积极意义，而且是"创造一种生产力"，能产生 $1+1>2$ 的效果。协同理念训练能提升团队生产效能。共荣理念的塑造：秉持虚心谦逊，避免自高自大，发掘他人潜能并吸收借鉴。

6. 适时修正

经验是宝贵的，但不能迷信经验，人类往往易于受到惯性思维的影响，倾向于依赖经验来解决事务。然而，实际上，各类工作环境及具体情况均存在差异，因此，在实际情况中，我们需要灵活整合每一步操作，使之更加符合实际需求。适时的修正思考是至关重要的，在审视我们行为的同时，我们需要不断确保所做的事情是正确的。在此基础上，我们应根据实际情况进行必要的调整，而不是频繁地改变原有的模式或从头开始，在确保总体方向稳固的情况下，根据突发情况，我们需进行适度且必要的微调。

（三）规范自己的职场行为

职场行为习惯包括严格自律、计划预测、日事日毕、全力以赴、统筹时间、记录备忘、反省总结。

1. 严格自律

自律作为对个体自制力的严峻挑战，注重个体的自我管理和自我提升。对于那些渴望取得成功的人，自我约束是一项不可或缺的品质。

应培养自律行为，养成卓越的自我素养，摒弃推诿责任这一陋习，在任务达成前，避免过度关注奖赏，自省个人行为，以自律为楷模，接受他者的监督。

2. 计划预测

成功的基石在于完善的筹划，仅依赖规划无法保证实现目标，但成功者必定具备周密的规划和明确的指向。

着手制订可行的工作计划，制定个人发展规划，统筹安排每日时间以实施行动计划。制定方案并与他人交流，汲取成功人士的经验，咨询实现目标之策略。

3. 日事日毕

决定性地行动，无疑是达成事业目标的核心要素。"言必信，行必果"，即便再有卓越的规划，仍需实际执行以实现其价值。培养"适时处理"的优良习惯，将脑中涌现的创意和思路立即付诸笔端。事务处理务必遵循随到随做，完成即止的原则，避免心事堆积，既不付诸实践，又不甘遗忘，如此反而比实际执行更为疲惫。

4. 全力以赴

专注于能力培养，挖掘潜质，提升心智，通过暗示开发潜在能量，保持高度的热忱。

5. 统筹时间

时间作为一种不可再生且无法储存的珍贵资源，将其发挥到极致，成为每个人不懈追求的目标。事项通常可分为四类：紧急的关键事项、关键事项、紧急的普通事项、普通事项。根据这些分类，我们应优先处理的事项便一目了然。

在塑造高效行为习惯时，要对自身的生理节律进行全面且深入的理解。在此期间，集中处理核心任务将提高工作效率。此外，优化工作方法亦为关键之举。优质策略通常较单纯勤奋更具成效，科学规划工作任务及时间分配，在确保高效运作的同时，务必预留时段以供自我反思与总结。这既有助于缓解工作压力，又可提升工作效能，从而更出色地应对各种挑战。

6.记录备忘

好记性不如烂笔头，使用"日常备忘录"的好处，明确自身职责及完成期限；养成严谨的职业素养；使工作更具秩序，增强思维逻辑；可进行自我反省。撰写备忘行为养成方法论，坚持每天撰写工作笔记。明确写作目的，清晰记录要点，保持工作备忘录随时在手，并积极采取行动。

7.反省总结

不反省，人很难进步。应注重反省行为的培养，每天进行自我行为检视。

第二节　跨境电商的人才需求与人才队伍保障机制

一、跨境电商的人才需求

（一）跨境电商人才需求特征

跨境电商正处于快速成长阶段，具有强大的吸引力，许多传统行业企业纷纷涌入，从而增加了行业对人才的整体需求量。不仅年轻群体受到跨境电子商务行业的偏爱，管理型人才、复合型人才也受到欢迎，国际贸易、电子商务与外语专业人才是行业需求较多的。

1. 市场扩展刺激人才需求

跨境电子商务的迅猛增长推动了市场规模的扩大。研究表明，企业未来发展战略包括持续招募人才、丰富产品线及拓展市场、扩张企业规模。跨境电商企业普遍对跨境电子商务行业的发展愿景充满期待，业务范围的持续扩大将引发人才需求的增长。在政府相关政策的扶持以及行业自身发展的推动下，跨境电商企业凭借市场拓展，不断衍生职业需求。

2. 特定专业人才的需求旺盛

在我国高等教育领域，国际贸易、电子商务及外语专业被视为核心专业。鉴于跨境电子商务业务的独特性，这些专业在跨境电商领域的人才需求中，占据前排地位。跨境电子商务源于电子商务对国际市场的拓展，同时也是传统国际贸易需求与网络技术推动下发生的变革。因此，特定专业人才在从事跨境电子商务业务的领域中具有明显的职业优势。

3. 应届生群体被广泛关注和青睐

跨境电子商务作为一个蓬勃发展的行业，对充满活力和创新精神的应届毕业生产生广泛青睐。应届生具备迅速适应新兴事物和线上生活方式的能力，成为这一行业中的珍贵人才。此外，应届生也展现出极大的灵活性，能够迅速融入企业并发挥自己的潜力。据调查数据，近半数企业在招聘时会优先考虑这些应届生。

4.全面复合型人才需求日益迫切

跨境电子商务在国际经贸与电子商务中展现出独特的特性。对于这一领域的人才需求，要求不仅精通电子业务的各个环节，包括平台搭建与运维，还要具备渠道整合与内容策划的能力。此外，他们需要了解国际物流、海外支付以及海外渠道运营的相关知识，并且要具备良好的外语沟通能力。掌握消费者所在国家的文化背景、风俗习惯以及消费倾向、思维方式乃至政治环境、经济环境、法律环境等。所以，跨境电子商务更需要复合型人才。

5.以规模为导向的企业人才需求差异

企业规模不同，对人才的需求也各具特点。小型企业由于其规模较小，更倾向于招聘复合型人才。这类人才具备多种技能，能够胜任多种工作，对企业的运营和发展起到关键作用。中型企业在精专和复合型人才的需求上保持平衡。他们既需要具备专业技能的人才来推动业务发展，也需要复合型人才来提升企业的整体运营效率。大型企业则更注重复合型人才，这些复合型人才不仅能够完成自身职责，还能在不同领域和岗位之间灵活切换，提升企业的整体运营水平。

（二）跨境电商人才需求结构

1.跨境电商人才需求岗位结构

跨境电商需要的岗位集中在以下几个方面：

（1）客服

熟练使用邮件、在线沟通工具，运用英语、法语、德语及其他小语种和客户进行交流。一般企业跨境业务开展 3 个月以后就会出现投诉等纠纷。客服尤其是售后客服还需要懂不同国家法律和知识产权纠纷处理的知识。

（2）运营推广

运用网络营销手段进行产品推广，打开市场销路，包括活动策划、商品编辑、数据分析，既精通互联网，又精通营销推广，懂得亚马逊、eBay 等不同跨境平台的规则。

（3）美工和摄影

美工和摄影应既精通设计美学，又精通视觉营销，能制作合适的产品图片和进行合适的排版。

（4）产品采购和选品

根据不同国家人们的消费习惯、文化心理、生活习俗，针对不同国家的消费特点，采购合适的产品，选择有销路的产品，并与供应商保持广泛而稳定的关系。

（5）刊登

懂得数据分析，掌握上传和发布产品的技巧。

（6）物流

懂得国际订单处理和国际物流发货的流程与规则。

2.跨境电商人才需求层级结构

从事跨境贸易的复合型人才大致可以分为以下三个层级：

（1）初级（工具型）

初级人才是指掌握跨境电商平台实操技能、计算机信息处理运维以及操作能力较强的人才。

（2）中级（商务型）

中级（商务型）人才的特点是对国际商务活动的规律有一定的掌握，掌握跨境电商技术知识，具备销售服务技巧、对所在行业十分了解，擅长进行商业分析、消费者体验分析、并对跨境金融服务和国际物流渠道有一定的搭建能力。

（3）高级（品牌型）

具备跨境电商品牌的整体搭建能力，了解国内外用户生活方式差异，具备国际视野以及市场敏锐性，通过差异化国际品牌打造，建设引领跨境电商的发展，在国际市场中彰显中国"品牌"，懂得"为什么要做跨境电商"。

现在，众多跨境电商企业处在开疆拓土的阶段，运营、选品、美工是最迫切的工具型人才。随着企业向纵深发展，竞争不断加剧，负责跨境品牌运营、能独立完成企业跨境电商部门或店铺的综合管理的商务型中级人才会越来越受欢迎。有3～5年大型跨境电商企业管理经验，能引领企业国际化发展的战略管理型高级综合人才将会更加难求。

3.跨境电商人才素质要求结构

跨境电商目前所处的行业外部环境是"需求多样，匹配复杂""线下链条长，环节多""不同国家环境差异大""出口和进口机会并存""规则和政策敏感度高"。因此，跨境电商人才与传统国际贸易人才、国内电商人才在素质上有很大的差异。

（1）初级人才素质要求

目前，从事跨境电商业务的人员主要来自企业内部培养和企业外部跳槽。校园招聘的应届毕业生一般需要经过一段时间的培训才能上岗。虽然对初级跨境电商从业人员的学历要求不高，一般大专以上即可，但需要具备创新能力、专业知识消化吸收能力、对困难和挫折的承受能力及市场推广开拓能力。

首先，应熟练掌握英语及小语种。亚马逊、eBay 等主要跨境电商平台以欧美国家作为主力市场，国内跨境电商从业者需要和境外客户在线交流，这对英语水平的要求比较高。美国等传统出口市场依然是跨境电商的热点，另外，一些新兴市场，如俄罗斯、巴西、阿根廷、西班牙、乌克兰、以色列等，也迅速崛起。随着新兴市场的发展，掌握俄语、西班牙语、意大利语、德语、阿拉伯语等小语种的人才需求量也急剧增加。

其次，对海外客户线上生活方式有深刻了解。跨境电商面对的是境外消费者，由于文化和生活习惯不同，境外消费者的消费理念和国内消费者也有很大差别，因此需要跨境电商从业人员对国外采购者的采购习惯、中国供应商的出口业务现状有一定认识，了解不同行业采购的特点，熟悉某个或某一类行业的商品属性、成本、价格等，对某些商品的生产、分销、消费者购买习惯等有较深入的了解。

再次，熟悉行业相关法律知识、遵循国际商业规范和知识产权法律是我国外贸企业发展的基石。为了确保业务的流畅推进，跨境电商的从业者需要对电子商务相关的法律法规有深入且精准的理解，如《中华人民共和国商标法》《中华人民共和国著作权法》《中华人民共和国专利法》《互联网信息服务管理办法》《信息网络传播权保护条例》等。

最后，具备推广逻辑，深谙各大跨境电商平台的运营规则。从业人员必须熟悉各种跨境电商网站的运营规则，具有针对不同需求和业务模式进行多平台运营的技能；对主要电商网站的引流、用户转化等有一定的认识；具备文案撰写、图片处理、广告推广、网络营销、交易纠纷处理、关键词与搜索引擎优化等技能，能利用网站后台进行订单跟进和客户维护；掌握相关业务的记录和分析技能，以及基本的用户调研和网站数据分析能力。

（2）中高级人才素质要求

首先，具有优化协同、风险管控的灵活运营能力。鉴于跨境贸易环节繁多且各国环境各异，国家选择、平台选择、物流方式选择对跨境电商运营十分关键。这就要求从业人员能针对国家差异、需求差异行进贸易链重组，能够针对不同需求、国家环境选择不同的平台、服务、合作方和运营策略，针对不同行业、身份的客户选择不同的交易模式、验货交货、支付、保险、物流和清关方式。

其次，具备行业实践经验和精细化的品牌服务理念。跨境电商当前行业化、纵深化趋势明显，交易过程中的一系列服务的作用凸显，跟单验货、物流、退税、金融的作用有时候甚至高于拿订单的价值。跨境电商的未来将更加注重产品品牌标准化，更加专业、精细化，以及对产品与市场的垂直细分。在此基础上进行精细化操作，就要求从业人员能够"接行业地气"，具备"一站式服务"的思维。

再次，具有"本地化"的思维。跨境电商意味着对国际化流量引入、国际营销、国外当地品牌知识等有更深入的了解，跨境电子商务领域要求参与者对海外贸易、线上生活方式、渠道营销搭建以及消费者行为有深入理解和掌握。在这种竞争激烈的行业中，胜出者并非仅仅依靠成本价格优势，更在于提供优质品牌标准化服务。

最后，跨境电商从业者需具备强烈的政策与法规敏感度，这是其不可或缺的素质。随着跨境电商的蓬勃发展，全球贸易规则正经历巨变，因此，从业者需有能力迅速把握国际贸易体系、政策及法规、关税细则等方面的变化，对进出口形势也要有更深入的了解和分析。

二、跨境电商人才队伍保障机制

（一）形成以市场需求为导向的人才培养体系

1. 加强跨境电商专业人才培养

政府应积极采取以下策略，推动高等教育机构开展跨境电商专业人才培养：首先，设立专门的建设资金，鼓励具备条件的高校开设此专业；其次，依据市场需求，提倡目前的外贸、国际商务、市场营销及商务英语专业向跨境电子商务方向转型；最后，针对小语种专业，应倡导其培养具备商务素养的全能型应用人才，鼓励增设培养跨境电商人才的小语种专业。

杭州综试区在促进外贸与制造业的现代化进程中，展现出坚定的决心与行动力。为了实现这一目标，该区不仅实施了多项校企合作项目，例如，"亚马逊全球开店101·时代青年计划"，而且还大力推动了"互联网＋外贸"新型人才塑造工程。这些项目精心设计了多层次的培训课程，目的在于培养高精尖以及基础人才，从而构建一个完善的人才体系。这一举措显著地激发了杭州的传统外贸与生产制造企业向跨境电商转型的积极性。据统计，仅在2019年上半年，杭州综试区就培育了90多个跨境电商品牌，举办了100多场企业专项培训，并培养了2万多名跨境电商人才。这些成果不仅体现了杭州综试区的战略眼光与执行力，更为该地区的长远发展注入了强大的动力。

杭州借助推动跨境电商品牌建设，实现了市场结构的优化，构建了涵盖渠道、品牌、定价权及供应链体系的竞争新优势。这一优势促成了全球网络零售终端市场、自主品牌和中高端产品领域的形成。加强高校跨境电商专业人才培养，高等教育体系的目标是培养具备宽广国际视野和先进国际化思维的人才，其应对国际商务了然于心，拥有跨文化交流实力，并能熟练处理电商业务。唯有此类人才才能够胜任跨境电商的品牌构建，以及熟练对进行国际商贸服务。同时，他们还应具备在政府相关部门处理跨境电商相关接洽能力，促进国际商务活动的顺利进行，成为应用型、复合型国际商务顶级人才。

2. 构建跨境电商人才社会化培训体系

在跨境电商领域，政府有关部门要引导行业协会、高等院校及社会培训机构共同参与跨境电商培训。同时，政府还需对企业开展跨境电商培训提供有力支持，将专业知识与企业文化相结合，助力企业持续发展。并根据培训实际情况，对场租费、资料费、讲课费等予以相应补贴。总之，政府在直接支持企业培训的同时，还需激发社会力量共同参与培训工作。

3. 构建高素质的跨境电商教育培训人才队伍

政府和社会培训机构应当作为主导力量，聚集起一支由高校学者、跨境电商行业专家和精英人士组成的团队。团队定期开设跨境电商师资培训，以帮助高校教师和跨境电商就业者及时了解和掌握跨境电商领域的新法规、新科技、新理念和新动态。通过这样的培训，他们能够及时应对跨境电商领域出现的多种情况，进而增强解决关于跨境电商领域问题的能力。

4. 开展跨境电商人才校企合作定制化培养

政府应积极促进学校与企业的深度合作，推动跨境电商人才的定制化培养计划落实。高等院校还应根据市场需求和社会发展状况，调整教材内容、教学方法和课程设置，提升学科与产业的契合度，增强专业与就业的关联性。同时，企业应根据自身的发展需求和人才缺口，与相关高校开展合作，共同制定人才培养方案和教学计划。通过签订定制化培养协议，高校可以为企业量身打造具备创新精神、实践能力和综合素质的优秀人才。此外，高校可以引入企业导师制度，实行产学研一体化培养模式，推动生产、教学、科研有机结合。这样，政府、高校和企业共同参与人才培养过程，实现高等教育人才培养与社会需求的对接，推动跨境电商产业的持续发展。

5. 打造跨境电商在线学习公共平台

构建跨境电商线上获取知识的公共服务平台，整合高校及企业优势资源。平台将启动跨境电商实战课程。经审核合格后，授予相应职业资质，并给予资格证书，对于每一门所学的课程，学校将根据其实际要求和课程难度，给予相应的学分鼓励。面向全社会开放，以共享、透明和共同促进的理念，依托企业进行市场化研发和运营，开展跨境电商所需的各类人才的教育培养工作。

（二）培育和引进跨境电商人才

1. 培育和引进一批跨境电商领军人才

根据各地政府跨境电商产业发展的战略，实行顶层设计、科学布局，坚持"铺天盖地"与"顶天立地"并举，采取"一事一议、一企一策"的方法，培育和引进国际领先的跨境电商领军人才及创新团队，强化"顶尖人才＋重大项目"招商，带动电商产业链的延伸和中小微企业的发展。比如，对符合条件的跨境电商领军人才及其创新团队，财政给予住房补贴、安家费、科研启动经费等资助。

2.培育跨境电商企业和跨境电商人才中介

一方面，传统企业贸易方式转型需要大量的跨境电商人才；另一方面，大量高校或社会培训机构毕业的跨境电商人才需要找到就业单位，有创业意向的人才需要找到投资和货源。

（三）建立健全跨境电商人才激励机制和保障措施

1.改进科技奖励办法

激发研究人员的内在动力，鼓励他们将科研成果应用于实际经营中。为实现此目标，需优化权益共享机制，明确研发成果的知识产权归属。同时，支持院校及科研单位将产业化研发成果的业绩纳入职称晋升的考量范畴。最终，推动科技创新从成果供给导向转向产业需求导向，重点表彰对跨境电商产业创新发展作出突出贡献的杰出人才与科技成果。

2.优化跨境电商人才激励策略

在跨境电商领域，针对高端人才，主要从以下三方面研发激励策略：首先，针对跨境电商领域的创业领袖、技术翘楚以及对该领域发展产生显著推动作用的人才提供创业支持。其次，为激发团队创新精神和协作力量，设立团队奖励计划，并为跨境电商人才团队提供专项资金支持，涵盖团队搭建、业务经费及设备运维等方面。拥有经费使用自主权的团队将遵循专项评估、申领及监督制度，融合成项目、人才、资金、政策"四位一体"的运营机制。确保资金高效利用和项目稳步推进。最后，为提升人才生活品质，可以优化税收扶持力，为符合条件的顶级管理型、运营型及技术型人才提供连续三年个人所得税周期性返还。同时，还将探讨构建跨境电商人才奖励方案，包括但不限于税收优惠、住房补贴、医疗补贴等补偿机制。

3.推动跨境电商人才安居保障实施

首先，启动高端人才购房资助项目，初次购房人员将给予一次性购房补贴，资金来源可依托政府专项拨款及所在单位配套资金支持；其次，推进人才公寓建设，通过租赁方式为跨境电商人才提供住房，建设地点主要集中在电商产业园区、企业聚集周边区域、高新科技园、大学城等区域。对于作出较大贡献的跨境电商规模型企业，可利用自有土地建设人才公寓，以满足引进的高层次人才住房需求；最后，改进住房公积金政策，制定相关住房公积金制度，用于支付相关行业人才公寓租金的规定。

4. 人力资本权益策略探究

无论是"管理资本"进行分拨，还是"知识资本"进行分拨，劳动价值的激励都应与海外市场并轨，以确保顶级的人才获得一流的业绩和报酬。企业应当探究自身情境，更多元地选择个性化激励策略。对于高精尖的深耕跨境电商业务的顶级人才，依据其研发成果等"知识资本"参与配比；对于涉及商务经营的跨境电商高端从业者，参考"管理资本"进行配比。综上所述，依照按劳分配和生产要素分配相互协调的原则，必须充分地参考知识、技术、管理等生产要素的综合贡献。

第五章 跨境电商创新创业型 人才培养模式的构建

本章论述跨境电商创新创业型人才培养模式的构建，从跨境电商创新创业型人才培养模式的构建原则与要求、产教融合下跨境电商创新创业型人才培养模式的构建策略、跨境电商创新创业型人才培养模式的实践案例进行了论述。

第一节　跨境电商创新创业型人才培养模式的构建原则与要求

一、跨境电商创新创业型人才培养模式的构建原则

响应经济社会高质量发展对跨境电商创新创业型人才培养的新要求，结合"00后"学生成长的社会背景、成长特点以及信息化时代的教学新模式，将培养并提高学生实践能力及创新能力作为培养重点，充分利用新时代信息技术，将促进就业、引导就业、鼓励创业等作为教育导向，以提高技能教学项目为支撑，深入落实"工学一体、产教融合"基本理念，创建全新的符合当代社会发展要求的课程结构合理、教学质量优良、资源开放共享的实训化教学项目，全方位提升教育教学质量。

（一）先进性与前瞻性原则

为了更好地适应跨境电商的发展需求，电商实训基地需要满足以下几点要求：首先，基地的建设要具备相应的先进性和前瞻性；其次，实训基地的设备要在电商行业中处于先进水平；最后，电商实训基地所采用的技术要紧跟先进技术的发展水平或与先进技术同步发展。达到以上要求不仅能够更好地适应跨境电商的发展，也有利于培养人才的创新思维。

（二）实用性与经济性原则

国家标准、行业标准是跨境电商发展的基调和准则，要严格遵守项目启动、计划、实施、控制、结束的流程运行，并将岗位化及职业化的特点最大限度地显现出来。将"行动导向"作为跨境电商的指导，组织各类培训以提升职业技能及职业素养，在满足实用性原则的前提下，采用最有性价比的建设方案，将经济价值发挥到最大化。

（三）统筹整体性原则

跨境电商要将目前专业的发展情况现状和未来的发展趋势作为重点，从整体

上进行统筹规划建设，在设施、功能等方面加强工作，重视专业体系与实训体系之间的内在联系，使体系内的各个模块彼此独立又和谐统一，从整体上实现教学实训，以此培养学生创新创业能力。

（四）遵循特色发展原则

特色产业是一个企业赖以生存的重要支撑，也是企业得以长期发展的优势和动力。跨境电商人才培养也要加强对现代服务业、航空物流业、制造业、高科技产业等特色产业在法律法规、销售渠道、路线等各个方面的教育与培训，为跨境电商产业在物流、进出口加工等领域输出创新创业型专业人员，不断发展和扩大特色产业集群。

跨境电商创新创业型人才培养要遵循"四化"原则：分层分段化、学科交叉复合化、校企共育协同化、时间环境真实化。在"四化"原则基础上，结合跨境电商发展现状及未来发展趋势，制定科学合理的人才培养方案，为跨境电商各个层次、各个岗位输出优秀的专业人才。

（五）融合共用性原则

跨境电商创新创业型人才培养模式的融合共用性构建原则，主要体现在以下几方面：第一，在专业方面全方位地完成专业实训教学任务，完成专业素养的养成；第二，在实现专业正常实训要求的前提下，可以适当增强实训基地的开放性及兼容性，扩大知识面；第三，为学生提供自学场所，创造第二课堂的教育学习条件；第四，加强对相关专业的教学、实践及培训的重视程度；第五，增加与社会的互动性，如开展职业技能鉴定及对外培训等，不仅可以增加设备利用率，也有利于进一步实现实训基地的社会化功能。

（六）信息化创新原则

信息化创新原则要在顶层设计及系统规划上投入更多的精力，使实训基地在综合性、融合性、信息化及智能化方面更加具备现代化特点，将高科技、先进的技术作为基础建设。对实训基地可以采用开放式管理方式进行管理，以企业化形式进行运行，并将智能化作为发展方向，为跨境电商的发展奠定坚实的基础。同时还可以在投入与创新上强化实训基地的建设方案，以需求为导向，以新制度、新管理、新技术、新模式不断加强对实训基地的维护与升级，为跨境电商输出更多的创新创业型人才。

（七）兼容拓展性原则

跨境电商实训基地不仅要保证实用性和融合性，还要保证方案的完整性以及核心设备的兼容扩展性。从技术角度来说，交融性较强的设备和技术不仅能够促进现阶段项目的组建，同时对后期的项目拓展也具有一定的推动作用，使跨境电商实训基地建设更加灵活生动。

二、跨境电商创新创业型人才培养模式的构建要求

现阶段，中国特色高等职业教育集高等性与职业性为一体，是两者的同一存在，其职业性主要体现在专业技能上，高等性主要体现在人员的高素质上，两者缺一不可，共同推动高等职业教育的科学、可持续发展。

（一）跨境电商创新创业型人才培养模式构建的素质要求

要注重对学生内在价值的挖掘，个人需求与职业需求是完全不同的概念，如果单纯地将职业需求作为个人需求的全部，也就忽略了个人的全面发展。

在"双高计划"的背景下，高等职业教育要加强对学生社会需求的重视程度，加强学生与社会之间的联系，增加学生的社会实践活动，加强对学生思考能力及创新能力的培养。

各大院校在进行教学的同时要时刻关注学生的精神状态，将"立德树人"作为教育工作的核心，并将其渗透到创新创业型人才培养的全流程中。除此之外，企业对人才的要求也在逐渐提高，基于此，要大力培养创新创业型人才，培养其良好职业精神及职业道德，具体可以从以下几个角度进行：工作中做到爱岗敬业、勇于探索、团结协作；在职业精神及道德上要树立较强的职业道德观念，充分发挥创新思维及专业素养。

综上，各院校不能单纯地对学生进行职业教育，要结合创新创业型人才培养

目标，在高素质的前提下，加强对学生心理健康、"三观"、职业道德精神的教育与培养，提高学生心理素质，使学生掌握一定程度的心理健康知识，使其能够运用科学合理的方法应对工作中遇到的问题。通过正确的世界观、人生观、价值观，使其在工作和生活中都能够建立良好的职业道德精神和健康向上的生活能力，全面促进其职业发展。

（二）跨境电商创新创业型人才培养模式构建的技术技能要求

学习跨境电商领域的学生应当服务于区域经济发展，要为当地作出贡献，也就是说，其必须具备能够顺利解决问题的能力。

因此，高校在进行专业理论知识教学的同时还要加强对学生实践能力的培养和锻炼，使学生能够在实际工作中科学、合理、灵活地运用所学知识解决实际问题，切实践行创新创业型人才培养的行动。为了更好地完成人才培养计划，高校要加强对职业技术技能教育的重视程度。

课程的创建、学生的理论与实践教育离不开一定的教学目标，在当下，院校要结合"高素质""高技能"的"双高"要求，结合院校实际情况，制定符合各自院校发展的创新性建设方案，不断推进职业教育与普通教育的并行发展。此外，还要强化理论基础与实践能力之间的关联性，培养和锻炼学生的创新思维和实践能力，加强与企业实践的产学研合作，为社会输出各类优秀的专业技术人才。

（三）跨境电商创新创业型人才培养模式构建的理念要求

产教融合是职业教育与高等教育高质量发展的必经之路，产教融合要全面落实在学校和企业育人的各个环节中，切实做到理论与实践、教育与产业、人才和市场互相渗透、互相促进，使学生能够在实际工作中运用所学的理论知识解决问题。以市场及社会需求为导向，发挥产教融合的现实作用，通过创新型、应用型人才的培养为社会提供优质的高素质、高技能人才。

（四）跨境电商创新创业型人才培养模式构建过程的要求

对于创新创业型人才培养来说，产教融合的要求更加严格，不仅需要重视学生的实践能力，还要灵活地适应相关产业的发展需求。这就要求院校了解最新的市场现状并对市场的用人需求作出预测，根据实际情况，有计划地对人才进行分类培养，同时也需要根据市场需求动态调整人才培养目标。在教学上，要更加注重理论知识与实践知识的结合，提高理论对实践的指导能力。此外，院校也可以和企业进行合作，结合市场现状、企业现状及发展方向，共同制定人才培养目标，同时要加强对"双师型"师资队伍的建设，提高教育教学能力。教师不再完全依据学习成绩决定学生的考核评价，要从政府、院校及企业三方面分别进行考核，达到产教融合的要求，最终使学生具备创新创业的能力。

（五）跨境电商创新创业型人才培养满足利益相关者的需求

1. 满足学生个体职业发展的需求

"双高计划"的制订不仅是学校高质量发展的重要推动力，还能够为学生提供更好的发展空间和更广阔的平台。"双高计划"的实施在提高学校教育教学质量的同时还能够大力促进学校的改革和发展。

除此之外，"双高计划"还有助于学生建立科学、清晰的职业规划，树立正确的、积极的世界观、人生观、价值观，更好地实现职业目标。具有中国特色的教育理念将"人的发展"作为核心，所有的规划、方案等都是为了人的发展。党的十九大报告中也再次强调，要办好人民满意的教育。紧跟党的步伐，铭记教育的出发点和立脚点是为了人的发展。

从学校角度来说，在创新创业型人才培养工作中要切实满足学生自身需求，才能更好地完成"双高计划"对院校的考验和要求。在国家及社会各界对职业教育的大力支持下，更应该大力贯彻落实"双高计划"，坚持推动职业教育的发展，不断为社会输送所需的高素质、高技能、创新创业型人才，提高社会与民众的信任感，使学生能够以极大的热情参与到学习当中，培养自己的创新思维，以不断适应社会人才需求。

院校应该积极了解并掌握社会的发展趋势，切实参与到行业的发展中，与企业进行全方位、深层次合作，完善人才培养结构，提高人才培养质量，使学生能够更好地适应市场及社会需求，为区域甚至国家的发展贡献力量。

2. 满足学校自身生存和发展的需求

创新创业型人才培养质量直接反映了院校的教育教学水平和实力，对院校的社会竞争力甚至是生存和发展都存在着直接影响。

由此可见，创新创业型人才的培养应该满足学校自身的发展需求。生源竞争就是院校之间的竞争，剖析其根本还落实在创新创业型人才培养质量上，通过人才培养质量反映院校的教育教学能力和水平，提高其社会影响力和竞争力，如果院校无法把握住发展机遇，很有可能会被市场甚至社会所淘汰。因此，各大院校都要始终将人才培养质量作为一切制度和行动的出发点和落脚点。

基于此，高校可以结合所在地的经济发展需求和政府相关政策，对本校的教育教学机制和教学管理模式进行适当的完善和改进，发展具有地方特色及院校特色的教育。此外，高校还要以整体性、全局性、开放性、兼容性的眼光，积极与国内外各大职业院校进行交流协作，取长补短，不断丰富和提升自身发展水平，促进创新创业类教育的发展。

3. 满足区域经济社会发展的需求

一个企业能够良好运行的基本条件就是具备合理使用劳动力、技术和资本等生产要素，并将这些生产要素转化为社会生产力，为市场提供支持，满足市场及社会的需求。

学校作为人才输送的核心，培养的人才必须具备良好的创新思维、职业道德和过硬的专业技术能力，只有这样才能为社会提供更优质的服务。

"双高计划"的制订和实施在为市场和社会输送优秀的各类创新创业型人才的同时还能够很好地发挥高校的教育教学职能。"双高计划"以市场需求为导向，在此基础上能够为各行各业输送所需的技术人才，不仅能够解决劳动力紧缺的问题，还可以更好地实现自我价值，真正将理论与实践相结合，大大减少人力、物力的浪费。

要加强对区域经济社会发展的紧缺领域的关注，有针对性地对相关专业进行更深层次的产教融合，加强对区域经济发展所需的创新创业型人才的培养，提高人才素质，提升专业素养和专业技术能力，使其能够更好地适应区域经济发展的需要。

4.满足跨境电商相关职业岗位的要求

跨境电商的岗位整体上可以分为商务、技术和管理三个大类，每个类别的每个岗位都有着不同的职业能力要求，但这三个类别基本可以概括跨境电商行业对人才的核心需求。对于跨境电商行业来说，其从业人员不仅要了解甚至是掌握电商相关平台和软件的计算机操作方法，还要具备一定的营销经济学及心理学基础，掌握网络推广技术及运营管理能力，更重要的是还要具备相应的创新思维和创新能力。

高校应正确面对自身的优劣势，发挥优势的同时要重视对劣势的弥补，运用科学合理的方法实现培养目标的衔接和超越，制定出符合自身发展及电商专业学生发展的教育教学目标和课程体系，为跨境电商行业不断输送满足岗位需求且具备高素质、高能力的创新创业型人才。

第二节　产教融合下跨境电商创新创业型
人才培养模式的构建策略

一、政府加强战略规划，搭建协调育人平台

（一）加强战略性布局，把握产业发展趋势

从整体战略上要保持跨境电商人才培养计划的长期可持续发展，因此，可以从宏观角度制定人才培养的中长期规划，设立跨境电商人才培养相关专职岗位，强化对人才培养的战略性指导，充分发挥中介功能，并建立科学合理的监督及评估机制。另外，还可以充分利用高端智库功能，分析并挖掘产业发展的内在规律，制定出更为科学合理的长期战略规划。

（二）构建现代产业集聚区，增强人才培养的适应性

充分发挥现有跨境电商综合试验区相关功能，将跨境电商与地方特色进行有机融合，建立以地方政府、高校、企业、产业园区、科研院所等协同发展的现代产业集聚区，共同进行跨境电商人才培养，各育人主体都有不同的定位，并结合自身优势制订相关的人才培养计划。地方政府承担整体统筹规划和监督协调的作用；高校主要承担育人载体的角色；企业要配合高校进一步提升人才的专业实践能力，帮助学生正确认识社会工作；产业园区及科研院所可以将其科研成果转化落地，切实地将其渗透到育人的全过程中。现代化产业集聚区不仅可以提高跨境电商人才培养的适应性，还能够为企业的转型升级输出更多高素质、高技能的创新创业型人才。

（三）设立跨境电子商务人才培养基金，加大资金扶持力度

为了更好地保障人才培养战略的可持续发展，在保证基础设施建设的前提下，可以从政策方面加强对跨境电商行业的扶持力度，通过设立人才培养专项基金，对产业集聚区内的各个育人主体发放补贴，并设立相关的奖励机制，进一步促进现代化产业集聚区建设。同时，要提高对人才培养重点项目及科技成果的申

报和转化，充分调动各育人主体的积极性，快速推动跨境电商复合型人才培养工作发展。

（四）运用互联网技术和信息化手段，助力跨境电商人才培养

随着物联网、云计算、人工智能等高新技术的发展及普及，建立一体化产教融合协同育人服务平台、推进跨境电商创新创业型人才培养是产教融合服务信息化的本质和核心。由政府发挥整体的统筹规划和监督协调职能，将政府、高校、企业、科研院所、产业园区等作为协同育人主体，组建一体化产教融合协同育人服务平台。平台中各协同育人主体被赋予不同的权利，这样不仅能够充分发挥各自优势，还能够充分调动各协同育人主体的主观能动性。

二、企业、科研院所协同育人，建设高质量教育共同体

（一）提高企业员工队伍的稳定性，降低人才流失率

人才是行业发展的重要支撑，从人力资源角度来说，企业应该建立长期稳定的人才培养机制，并采取相应的措施，增加人力资源的稳定性，减少跨境电商行业人才的流失。第一，建立健全人力资源管理机制，制定或完善人才评价及奖惩机制；第二，制定或完善企业培训制度，建立完善的培训体系；第三，将员工个人成长与企业经营融合在一起，协助员工做好个人职业规划，明确个人发展目标；第四，建立具有市场竞争力的薪酬体系，提高员工工作的积极性；第五，完善企业文化建设。

（二）积极探索校企合作新模式，推进产教深度融合

对于一体化产教融合协同育人服务平台来说，各育人主体要把如何通过产教深度融合提高跨境电商人才培养的质量，作为重点思考的内容。开创校企合作新模式，可以从以下几个角度采取相应的措施：首先，加强企业与高校之间的联系，挑选企业专业技术人员或优秀管理人员对学生进行授课，通过"订单式"跨境电商人才培养协议将招生工作和招工工作紧密联系在一起；其次，参与学校人才培养方案的制定，对课程体系构建、实训实操课程、师生实践、就业创业等工作提

出实用性建议；最后，与学校深度合作，在企业的社会培训、咨询服务、实训基地共建、员工的双向兼职、人力资源招聘等方面为学校提供智力支持。

（三）积极发挥科研院所力量，实现学研一体

创新是行业发展的重要推动力，跨境电商行业也是如此，科教融合是培养跨境电商人才重要的组成部分。可以在产教融合协同育人平台中，将科研创新引入到人才培养方案中，推动高新技术成果转化落地，实现科研创新资源与协同育人资源的共享，促进人才培养计划的顺利的进行。

三、学校深化教育教学改革，筑牢人才培养根基

（一）加强师资队伍建设，提高人才培养质量

"百年大计，教育为本。教师是立教之本、兴教之源。"[1]强化"双师型"教师队伍建设是跨境电商人才培养战略有效进行的重要推动力。跨境电商行业的相关岗位要求人才不仅具备较强的实践技能，还要具备较强的职业道德精神，这就要求高校必须着力打造出既可以进行理论教学，又能够完成实践指导且对行业的现状及发展能够作出预判的"双师型"教师队伍。此外，高校还可以与企业进行紧密结合，选派教师到企业进行挂职锻炼，不仅可以强化教师的专业素养、实践应用能力，提高市场敏锐度，还能够夯实创新创业型人才培养基础。

（二）优化人才培养方案，提高实践教学质量

人才培养方案能够对实践教学质量的好坏起到关键作用。跨境电商专业人才培养方案是以产教融合协同育人的理念为整体指导思想，将提高学生理论知识、实践技能、综合素质作为人才培养方案的核心，在政府的政策和资金扶持下，与各协同育人主体进行资源共享、协同推动人才培养规划的进行。在教学课程的设置上，要将理论与实践放在同等重要的位置，通过综合平台实训、企业实习和创新创业培训等途径提高专业实践能力。

---

[1] 孙刚成，雷伟.新时代中国特色社会主义教育思想研究[M].天津：天津大学出版社，2021：91.

（三）推动"线上＋线下"混合式教学，提高课堂教学质量

提高课堂教学质量的有效途径是对教学课程进行更新、改革。课程改革可以从以下几方面进行：将教学模式调整为"线上＋线下"混合式教学；将课堂的中心从教师转变为学生；将教师与学生之间的关系转变为"探究式教学"；将教师直接讲授知识转变为教师提出问题，引导学生思考，促进学生学习、提高学习能力。新的教学模式不仅可以培养学生自主学习、自主探索的能力，还能够提高学习效率，提升学生对理论知识的应用能力，提高教学质量。

第三节　跨境电商创新创业型人才培养模式的实践案例

一、跨境电商创新创业型人才培养模式的实践以湖南外贸职业学院为例

2013 年，首次提出"一带一路"倡议。2015 年，"一带一路"列为调整区域经济结构的首要任务。同年，《关于促进跨境电子商务健康快速发展的指导意见》正式印发，该文件是促进跨境电子商务加快发展的指导性文件。湖南省作为中部省份，在开放型经济方面存在一定的劣势。湖南外贸职业学院紧跟"一带一路"倡议，在相关政策的扶持下，加强对跨境电商双创型人才的培养，并为跨境电商行业不断输出高质量、高素质的人才，在与共建国家的经贸合作中发挥了重要作用，不仅推动了"互联网＋外贸"的开放型经济的发展，同时也提高了湖南省开放型经济的发展水平。

（一）聚焦跨境电商新业态，构建了科学的教学体系

为适应跨境电商这一外贸新业态的迅速发展，学院构建了"三阶三层岗课对接"的模块化课程体系及"四段递进"的实践教学体系。学院依托湖南国际经贸职教集团，建立专业建设指导委员会，在企业设立就业岗位监测站，每年进行一次专业调研；紧跟跨境电商服务行业发展的趋势，实施专业人才培养质量年报制度，动态反馈和优化专业群内专业结构。学院通过专业教师企业实践、调研走访企业专家、毕业生跟踪调查、岗位检测数据反馈分析等方式，监测企业行业发展和岗位工作任务变化，定期分析人才需求信息，修订人才培养方案，优化课程体系，更新课程内容。

学校以"岗课对接"的理念为指导，将助理跨境电商师岗位、跨境电商网站建设与维护岗位、跨境电商平台应用专员岗位、网络营销师岗位和外贸业务员岗位 5 个主要岗位确定为核心岗位，建立了人文素养课程模块、专业基础课程模块、专业核心课程模块和专业拓展课程模块 4 个课程模块。其中，人文素养课程模块培养学生人文素养能力；专业基础共享课程模块培养学生职业岗位

基本能力，即专业群通用能力；专业核心课程模块按"专业岗位分析—工作任务分解—职业能力养成—专业课程设置"的程序解构业务流程，重构"岗课融合"的课程体系，培养学生特定的岗位能力；专业拓展共享课程模块培养学生素质拓展能力。

"四段递进"实践教学体系由基础技能实训、专项技能实训、综合技能实训和企业岗位实践4个阶段构成。基础技能实训和专项技能实训由校内专任教师指导完成；综合技能实训项目由校内专任教师、企业专家指导完成；企业岗位实践依托校内公司、校外实践基地完成。"四段递进"实践教学体系的实施，使实践教学时间约占专业总课时的50%。

（二）依据岗课融合理念，开发了丰富的课程教学资源

该校校企共建了17门人文素养和专业基础课程，23门专业核心课程，其中有9门专业优秀核心课程，5门专业拓展课程，共同开发、修订了立体化教材15本。针对湖南现阶段跨境电商情况，该校充分结合本土调研，与本土企业共同编纂了《湖南县域经济发展战略研究》教材；建立了符合跨境电商岗位需求的课程标准；构建了基于职教云、世界大学城、微信公众号、国际商务仿真实训平台和专业群信息化教学平台的教学平台，面向广大学生、教师、从业人员、社会学习者等用户建立了可供各专业共享的，由专业标准库、课程资源库、职业信息库、培训资源库所构成的"四库三平台"的数字化教学资源库。

（三）以网络课程资源为依托，实施了信息化课程教学改革

该校以跨境电商网络课程资源为依托，以世界大学城平台为媒介，以学生为主体，利用翻转课堂、O2O新型教学模式，结合微课教学新模式，将跨境电商优质特色课程和共享课程纳入跨境电商微课体系建设，作为课堂教学的补充和延伸，突出课程的技能点、技巧点、项目点，达到课内课外融会贯通的目的。该校建成了涵盖1门省级精品课程、1门省级名师空间课堂课程、9门在线资源库课程的跨境电商教学资源库，面向社会开放，供在校学生、教师、企业员工和社会学习者共享共用。其中，国际贸易实务立项为省级精品课程。该校实现了所有课程资源的网络共享，全面推行信息化教学。经过教学改革，教师与学生在相关竞赛中均取得较好成绩。

（四）引入企业参与机制，完善了多元教学评价模式

该校实施了企业参与的多元评价模式，校企共同参与开发质量综合评价标准，就学生的学习态度、课程考核、项目参与、技能抽查、毕业设计等内容开展以个人自评、小组互评、学校教师评价、企业导师评价为主的评价模式。学生参加全省技能抽查合格率达到100%，优秀率达到70%以上。

（五）注重"双创双师"教师培养

学院建立了完善的双创双师教师培养机制，拥有实力雄厚的跨境电商双师型教师团队，每年投入50万元进行跨境电商师资培训，近3年培训教师约40人次，培训教师均通过考核，取得了跨境电商师证书。目前有50%的教师在企业兼职或在各类跨境电商平台从事创业活动。近年来，学院充分发挥行业优势，依托职业教育集团，深入开展了学校与企业、学校与产业园区、学校与商会的合作，注重引进企业人才和名师，选聘了跨境电商企业一线专家或高级管理人员担任校外兼职跨境电商双创讲师，形成了一支专兼结合的双创双师专业教学团队。

（六）区位优势与行业优势明显

2017年，学院新建校外实训基地100家以上，校外实训基地总数达到了300家，均具有一定规模（能同时接纳10名以上学生），集教学、生产、培训和技术服务于一体的紧密型校外实训基地，可同时容纳3500名学生顶岗实习。学校扩展了校外工学结合实习实训基地数量，为专业教师进行双师型培训提供了契机，增加了教师和学生进入跨境电商企业跟岗、顶岗的机会，提高了师生跨境电商职业素养。该校有着丰富的区位优势与行业优势，已与湖南省金霞跨境工业园深度融合，同时依托湘潭九华工业园区和星沙工业园区等合作单位，在巩固现有的70家校外实训基地的基础上，从国际商贸服务龙头企业中遴选新增30家先进的、工位充足的校外生产性实习、实训基地，在澳大利亚、北美洲等地设立了境外实习实训基地10个，与100家国内外企业进行深度合作，以满足3000名学生同时顶岗实习的需要。

（七）学生创业项目效益产出显著

学院与湖南省跨境电商产业园合作成立了跨境电商创新创业孵化基地。学校自 2015 年启动校内创业孵化基地建设以来，在充分整合湖南省电子商务创业孵化基地等外部资源的基础上，经过两年多的努力，目前已经建有占地面积 800 多平方米的校内创业孵化基地，先后入驻各类创业项目 26 个，目前在孵项目 16 个，孵化成功 2 个。为配合创业孵化工作，学校于 2016 年设立了总金额为 20 万的校内创业基金用以支持项目孵化，形成了一个由 12 名校内外创业导师组成的导师团队，初步建立了创业孵化基地管理、导师遴选和管理、创业基金筹集和管理办法等管理制度。目前，该创业孵化基地已为 200 多名跨境电商专业方向人才提供了创业创新实习实践。孵化基地对于入驻项目提供全方位保障和支持，已有 163 名学生通过孵化基地的入驻企业进行了创业实践。同时依托现有校企合作网络平台资源，如阿里巴巴国际站、速卖通、亚马逊、Ebay、敦煌网等，鼓励和引导 200 多名电子商务、市场营销、国际贸易、商务英语、国际商务（跨境电商方向）、网络营销等专业学生在以上跨境电商平台开办了自营网店，通过一年以上的运营，200 多个网店年平均盈利额达 1200 美金。通过这一系列创业实践课程，充分调动和培养了跨境电商学生的自主创业积极性、创新意识和创新创业能力。

（八）重视创新创业教育

学校建立了完善的创业信息交流平台。通过微信、腾讯 QQ 等交流平台构建了跨境电商创新创业交流群，可使在校生与历届创业成功学生实时在线交流、经验共享，以老带新，并且成功学子为在校生提供了大量的创新创业实践机会，切实提高和培养了在校生的创业实践技能与创新能力素养。

充分开展创业创新教育，通过跨境电商创业创新培训讲座为学生提供丰富的跨境电商平台创新创业知识储备。2017 年，学校积极筹建了创新创业教育学院，统筹学校创新创业教育工作。几年间，学校共培训创新创业课程教学教师 29 人，建设分组式标准创新创业教室 4 个。学校自 2017 年春季学期起，面向国际商务专业（跨境电商方向）2016级学生开设创新创业基础课；自2017年秋季学期起，面向国际商务（跨境电商方向）、国际贸易、网络营销、商务英语、电子商务、市场营销专业新生开设32学时的创新创业基础必修课。该校通过校内跨境电商创业大赛调动了在校学生创新创业积极性，其中涌现了一批创新创业学生典型。学校选送其中21个项目参加了2017年湖南省"互联网+"创新创业大赛，4个项目参加黄炎培职业教育奖创业规划大赛，16个项目申报了"深造杯"全国大学生创新创业大赛，其中两个项目入围"深造杯"创业大赛半决赛，分别获得大赛"杰出公益创业项目奖"和"优秀创新项目奖"。

二、双创型跨境电商人才培养模式的实践以武汉软件工程职业学院为例

武汉软件工程职业学院是一所全日制综合性高等职业院校，由武汉市人民政府主办，是"国家骨干高职院校立项建设单位""全国示范性软件职业技术学院"以及高职高专人才培养工作水平评估"优秀"院校。学院围绕"光谷"核心圈，武汉都市圈和"1+8"城市圈，服务武汉地区高新技术产业、先进制造业和现代服务业，培养忠诚企业、胜任岗位、计算机应用能力突出的高素质技术技能人才。

学院深入贯彻教育部、财政部关于国家骨干高职院校建设精神，按照"把骨干高职院校建设作为本地高等职业教育办学体制机制创新，人才培养模式改革的突破口和试验区"①的要求，建立与骨干校建设相适应的办学体制、运行机制，全面提高管理水平，提高人才培养质量，发挥骨干校带动作用，更好地服务"武汉中国光谷"及武汉市"1+8"城市圈经济社会发展。

大众创新创业，万众创新，跨境电商作为中国外贸新的增长点，受到政府的日益重视。武汉软件工程职业学院报关专业（跨境电商方向）适应当前人才需求发展趋势，大力推进跨境电商人才培养工作。自2015年始，经过三年的改革与实践，已经形成"一中心、双导师，多平台"的跨境电商独特人才培养模式，锤炼出一批业务熟练的跨境电商店铺运营经理。

---

① 苟兴功. 旅游高等职业教育校企合作育人的深层思考 [M]. 沈阳：白山出版社，2015：27.

（一）"一中心、双导师、多平台"创新创业型人才培养模式的内涵

1. 一中心

一中心即"懂选品，会美工，知推广，能运营"，这是跨境电商人才培养的核心目标。通过创建并实施全新的全真教学组织模式，即"真实公司、真实账号、真实货源、真实利润"，使学生具备跨境选品、视觉美工、网络推广、客户服务等各项能力，经过不断的实践学习，最终成长为一名优秀的跨境电商店铺运营经理。

2. 双导师

双导师是跨境电商实战教学中全真教学组织模式的根本保证。与传统仿真教学不同的是，学生在正式参与到跨境电商的相关工作后，关于如何选品、如何沟通协调物流、处理客户需求及纠纷等现实问题就不断显现出来，为了能够灵活应对并妥善处理，实行双导师教学是十分必要的。

武汉软件工程职业学院于 2017 年正式开设跨境实战精英班，采用平台大卖家企业导师及高校教师联合教学的双导师制进行教学，并采取上午进行理论授课学习，下午进行实操练习的"工学交替"的运行模式，培养并提高跨境电商相关专业技能，双导师负责对教学及实操的全过程进行现场指导，及时解决教学及实操中出现的突发问题。

3. 多平台

敦煌网、速卖通等跨境电商平台是跨境实战教学中依托的真实网络平台。敦煌网主要作为初级实战教学平台，速卖通及其他跨境电商平台可以作为中高级教学实践平台。通过不断的真实实践教学，不仅可以提前培养团队的协作能力，还可以在选品、美工、推广、服务、运营等方面提升相应的专业技术能力。对团队成员来说可以提升职业发展空间，对团队来说可以适当缩短对新员工的培训时间，提高工作效率。

（二）"一中心、双导师、多平台"创新创业型人才培养模式的形成思路

跨境电商作为一门注重实战训练的专业，学生的技能需要得到真正的磨炼。如何让跨境实战落地？经过不断探索与实践，跨境团队决定组建跨境实战精英班。

教学中贯穿"真实公司、真实账号、真实货源、真实利润"。

1. 锐意进取，寻找跨境实战新途径

2015年上半年，武汉软件工程职业学院商学院先后选派14名教师参加跨境电商师资培训，开启了与敦煌网的合作。2015年6月，武汉软件工程职业学院与敦煌网合作开办"沙漠之鹰"跨境电商学生培训，营造了跨境创新创业的浓厚氛围。其中一些店铺三个月成交金额1000美元，品类涉及数据线、调音器、假发等，买家遍布澳大利亚、美国、德国、英国等多个国家。敦煌网平台规则逐渐为学生和教师熟知，大大增强了师生的信心，为教学中引入创新创业实战案例奠定了良好基础。

2. 小范围试探，尝试跨境实战新方法

为进一步探索跨境电商人才培养模式，营造创新创业氛围，报关专业开始组建涵盖2013、2014和2015级学生在内的跨境创新创业梯队。学生之间互相指导，互相学习，创新创业效果好。

2016年6月，全国外经贸行指委主办的全国第一届跨境电商创新创业能力大赛落下帷幕，报关专业两支队伍均获最佳运营奖，经营消费类电子产品的一队更是以运营得分100、报告得分90.79、总分第一的成绩从226支参赛团队中脱颖而出，一举夺冠。其累计成交订单45笔，买家涉及的国家或地区有美国、澳大利亚、加拿大、欧盟等，总成交金额在短短两个月内就高达3629.37美元。

3. 跨境实战精英班成立，跨境实战全面落地

2016年，报关（跨境电商方向）骨干专业获批湖北省教育厅三年行动计划项目立项，为跨境人才培养模式改革提供了强有力的保障。

跨境团队在总结敦煌平台实战经验后，决定尝试亚马逊、eBay等多平台运营。并携手东莞桥头镇外贸企业协会，选派2015级优秀学生赴东莞欧蒙家具有限公司等企业从事亚马逊、eBay等平台的跨境运营。至此，跨境团队获得了更多的平台操作经验，为多平台教学奠定了坚实的基础。

跨境团队总结了报关2013、2014、2015三个年级跨境实战的经验，经过企业调研、专家论证，最终形成"一中心"的跨境电商人才培养目标。围绕该中心目标，组建跨境实战精英班，实施"双导师，多平台"跨境电商人才培养模式的条件已经成熟。

（三）"一中心、双导师、多平台"创新创业型跨境电商人才培养模式的实施步骤

1. 成立真实公司

2017 年，武汉软件工程职业学院特为跨境实战精英班的实战教学成立了武汉集丝港电子商务有限公司，法人代表系报关 2013 级毕业生，现为敦煌平台大卖家。该公司制定了详细的实战精英班管理制度，对于账号管理、月度目标及奖惩制度等进行明确的规定，推进了实战精英班由普通学生向跨境实战精英的角色转变。

2. 创新创业团队分组

根据学生特长及英语水平，将跨境实战精英班分 10～12 个创新创业团队，每队 2～4 人（后期根据品类重组）。每个团队设组长对团队进行管理。

合理分工：选品、上传、美工、客服等角色均应涉及，必要时进行轮岗。

督促任务：及时完成每天的任务，如上传产品、回复客户站内信、跟踪意向客户等。

奖惩措施：每月完成任务的创新创业团队可获得利润的 20%；最佳创新创业团队，每月额外奖励 200 元；连续三个月保持最佳团队再奖励 1000 元。连续六个月未完成任务，扣除所有利润分成；运营失误造成冻结账号等，扣除所有利润分成；出现成交不卖，收回账号，团队限期整改。

3. 双导师现场指导

学校聘请敦煌网平台卖家李学世、武汉迎阳花科技有限公司总经理胡双宝、凯晨国际贸易有限公司人事总监王静为企业导师，负责敦煌网、速卖通等平台规则、物流方案设计等方面指导工作；校内导师陈力、谢荣军、蒋燕、刘春梅和高洁则负责选品分析、视觉美工、跨文化交流等方面的指导工作。双导师现场指导，配合密切，运行高效。

4. 店铺运营

（1）选品定位

双导师现场指导创新创业团队进行周密的市场调研、大数据分析，科学合理地确定品类和店铺的方向。在实战初级阶段，一般建议创新创业团队定位在消费类电子，此类为敦煌网热销产品，相对而言，比较容易产生订单，确保创新创业团队的热情不消退。实战进行到更高一阶时，部分创新创业团队重组，进军珠宝饰品、茶叶等领域。

（2）视觉美工

对图片进行视觉美工处理是每个创新创业团队必备的技能。目前，各团队的选品图片来源有三种：货源地提供的图片、1688 上的图片、自己拍摄的图片。团队美工在处理图片时，导师推荐使用美图秀秀。针对不同来源的图片，处理的方法也不同。对于有 Logo 的图片，要去掉 Logo 并做适当的处理，避免版权问题。当然，对于提供样品的商品，导师指导学生自己拍摄。为了达到更好的图片拍摄效果，创新创业实战基地专门配备了摄影棚及酷宝自动成像工作室，以期提高创新创业团队的产品上传质量，增强实战效果。

（3）物流方案

导师团队在分析各创新创业团队选品特点后发现，耳机、数据线等产品的货源地大都在广州、深圳等地。结合广州跨境物流的优势，最终选择了广州越航速运有限公司作为实战精英班的物流服务商，负责订单的国际物流。

（4）客服

经过 9 个月的店铺运营，各创新创业团队的客户越来越多，涉及的国家也越来越多。面对众多来自不同国家的客户，团队成员每天都要及时回复客户站内信，跟踪意向客户，并利用微信、WhatsApp 等应用工具，与客户沟通感情。企业导师和校内导师都会现场指导，及时有效地帮助团队成员处理各种售前、售中和售后问题。

参考文献

[1] 叶小蒙，陈瑜，陈晓龙.电子商务人才培养与教学体系建设研究 [M].北京：中国商业出版社，2021.

[2] 王帮元.现代电子商务人才培养模式改革与管理 [M].合肥：中国科学技术大学出版社，2015.

[3] 薛晓霞.电子商务人才培养模式研究与实践 [M].北京：北京交通大学出版社，2017.

[4] 马锁生.跨境电商营销战略研究 [M].兰州：兰州大学出版社，2022.

[5] 刘铁，张鑫.跨境电商基础与实务 [M].武汉：华中科技大学出版社，2019.

[6] 邓娟娟.跨境电商业务开发与数据分析研究 [M].长春：吉林大学出版社，2022.

[7] 叶鹏飞.亚马逊跨境电商数据化运营指南 [M].北京：中国铁道出版社，2020.

[8] 潘海兰.跨境电商运营分析 [M].延吉：延边大学出版社，2019.

[9] 朱静.跨境电商背景下外贸人才素质构建与研究 [M].南京：河海大学出版社，2021.

[10] 贾孝魁.跨境电商运营与人才培养路径探索 [M].北京：北京工业大学出版社，2022.

[11] 张奕辉.跨境电商发展对出口产品质量的影响分析 [J].商业经济研究，2023（23）：146-149.

[12] 潘望，陈影.智慧物流技术在跨境电商物流中的运用研究 [J].物流科技，2023，46（21）：27-30.

[13] 方曛.跨境电商企业的人力资源问题和对策分析 [J].现代商业，2023（18）：73-76.

[14] 吴征.中俄跨境电商物流合作的困境与优化路径探索 [J].太原城市职业技术学院学报，2023（9）：29-31.

[15] 梁威.自营型跨境电商零售出口模式研究 [J]. 国际经济合作，2023（6）：64-73，88.

[16] 薛杰伟.我国跨境电商发展特点研究 [J]. 中国商论，2023（17）：39-42.

[17] 陈璇，施力文.产教融合视域下跨境电商微专业建设研究 [J]. 中国教育技术装备，2023（17）：43-46.

[18] 屈毅博.跨境电商人才培养导向的英语课程教学改革研究 [J]. 陕西教育（高教），2023（9）：74-76.

[19] 朱晓磊.全球跨境电商运营中心建设路径探讨 [J]. 现代商业，2023（17）：34-37.

[20] 武兰玉，宋宝双.跨境电商人才培养探讨 [J]. 合作经济与科技，2023（19）：88-90.

[21] 周山莉.我国跨境电商商业模式优化策略研究 [D]. 北京：商务部国际贸易经济合作研究院，2022.

[22] 宋姗.亚马逊跨境电商平台商业模式评价 [D]. 天津：天津商业大学，2022.

[23] 苏潇涓.京东国际跨境电商供应链金融风险防范研究 [D]. 广州：广东工业大学，2022.

[24] 宋昊洋.数字经济背景下跨境电商产业学院产教融合研究 [D]. 郑州：郑州航空工业管理学院，2022.

[25] 刘宪立.跨境电商供应链弹性形成机理及动态仿真研究 [D]. 昆明：云南财经大学，2021.

[26] 孙悦.全球速卖通跨境电商平台商业模式研究 [D]. 长春：吉林大学，2020.

[27] 刘朋.跨境电商的运营模式优化研究 [D]. 杭州：浙江工业大学，2017.

[28] 张夏恒.跨境电商物流协同模型构建与实现路径研究 [D]. 西安：长安大学，2016.

[29] 鄢荣娇.我国跨境电商物流中的海外仓建设模式研究 [D]. 合肥：安徽大学，2016.

[30] 闫新苗.我国跨境电商的现状及发展建议 [D]. 北京：对外经济贸易大学，2015.